小会计成长记

XIAO KUAIJI CHENGZHANGJI

第2版

默默 ◎ 著

国家一级出版社　中国纺织出版社　全国百佳图书出版单位

内 容 提 要

《小会计成长记》是一本帮你快速成长为合格财务部成员的入门书。本书从一个小职员的视角，借用一个财务总监多年积累的经验告诉你47条受益终身的财务部生存法则，点明管理会计、税务会计、总账会计等工作岗位的基本工作范畴及工作技巧。故事中的人物个性鲜明，文字简练，晦涩难懂的会计术语和繁琐的财务工作也变得深入浅出、妙趣横生。

初涉职场并蠢蠢欲动的你是否准备好向终点冲刺了呢？读完本书，你能清楚地分析出你的领导需要的是什么，你对企业的价值在哪里。每一个难关就如一杯苦咖啡，丢入一块方糖进去试试！学一学职场生存学、读心术，喝杯咖啡，轻松当起财务部的"杜拉拉"！

图书在版编目（CIP）数据

小会计成长记 / 默默著. —2 版 . —北京：中国纺织出版社，2017.11

ISBN 978-7-5180-3949-4

Ⅰ. ①小… Ⅱ. ①默… Ⅲ. ①财务会计—基本知识 Ⅳ. ①F234.4

中国版本图书馆 CIP 数据核字（2017）第 204736 号

策划编辑：于磊岚　　特约编辑：魏丹丹　　责任印制：储志伟

中国纺织出版社出版发行
地址：北京市朝阳区百子湾东里A407号楼　邮政编码：100124
销售电话：010—67004422　传真：010—87155801
http://www.c-textilep.com
E-mail: faxing@c-textilep.com
中国纺织出版社天猫旗舰店
官方微博http://weibo.com/2119887771
三河市宏盛印务有限公司印刷　各地新华书店经销
2013年1月第1版　2017年11月第2版第5次印刷
开本：710×1000　1/16　印张：15.5
字数：180千字　定价：39.80元

凡购本书，如有缺页、倒页、脱页，由本社图书营销中心调换

再版序 Preface

职场菜鸟也有春天

很多与刘苏年纪相仿的大学生、应届毕业生或初入职场的年轻人、创业者都有过同样的困惑：我适合做会计吗？不喜欢怎么办？

在做专业选择时，最好能结合职业规划，而非只看兴趣、爱好。《小会计成长计》出版后，默默曾在大学做过一场辩论赛：《爱一行干一行还是干一行爱一行》，年轻的学生朋友各有观点，很有主见。

如果对前途比较迷茫，建议先去正规企业磨炼几年，或者去会计师事务所寻找实习机会。如果你是个喜欢新鲜感的人，建议去会计师事务所，可以接触到不同行业、不同公司、不同项目，相比企业会计更加有趣，更偏向审计类。审计情况随项目变动，你接到的任务可能每次都不一样，这样就可以学到不少新东西（审计为主，账务管理为辅），也可以了解不同行业情况，拥有更广阔的学习面和交际面。

如果你还在大学三四年级，假期时间完全可以考虑去一家正规企业财务部找份财务助理或出纳的工作。哪怕在公司打打杂，两个月下来也能学到不少：会计是什么？工作内容有哪些？工作强度和薪酬福利是否可以接受等等。多和前辈交流，可以更清楚地做好未来的职业规划。当你和刘苏一样迈入职场时，就可以轻装上阵。

大学时期，默默读的是财务管理专业，与会计系的其他同学一起上市场营销、管理学等选修课，主课以会计实务为主，感觉大家的专业没有多大区别。毕业后才明白，区别就在于专业性和就业方向。不过，财会行业是一个较容易跨界的行业，对于学习了相关专业的同学来说更是如此。

企业运营中，所有重大战略决策，如经营计划、投融资决策都需要财务数据的支持。而在这些数据的搜集过程中，应收、应付、固定资产、费用、总账、出纳、税务、成本等工作任务贯穿于企业所有营运环节。优秀的财会高手从小小的付款流程入手，即可掌握完整的企业运转流程图，甚至可以轻松跨界，向内控的身份发展，全面监控企业各个部门、各个环节的营运效率和绩效。

任何一本实用型书籍都无法解决你现在、过去、将来遇到的实际问题，这些只能靠行动来解决。

默默在除夕夜，一边为处女作《小会计成长记》做修改，一边听音乐。歌是这样唱：

"不卑不亢，不慌不忙，也许生活就该这样，难道六十岁以后再去寻找我想要的自由……"

啜上一口咖啡，一面奋斗，一面生活。欢迎你说说关于自己的成长记，等你。

默 默
写于 2017 年除夕

序 Preface

这是一本帮你快速成长为合格财务部成员的入门书。

《小会计成长记》描述了一个普通小会计在职场中遇到的办公室琐事。如何从会计这个专业领域入门，如何平衡情感与事业，如何处理复杂的人际关系，如何在重重困难面前抽丝剥茧地解决问题，如何提高专业技能给自己增值，相信你会在书中找到一些启示。

笔者摒弃了枯燥繁冗的会计知识，从一个小职员的视角，借用一个财务总监多年积累的经验告诉你47条受益终身的财务部生存法则，点明管理会计、税务会计、总账会计等工作岗位的基本工作范畴及工作技巧。希望那些百炼成精的女会计能在此书中找到一些自己当年奋斗的身影，无坚不摧的你们必将经历风雨，一步步修成正果。

财务总监本该是个严肃的大当家，财务室本该是个鸦雀无声的禁地，然而，许多有趣的人物在一起做了许多有趣的事情，便产生了一系列有趣的故事。职场里蠢蠢欲动的你是否准备好向终点冲刺了呢？读完本书，你能清楚地分析你的领导需要的是什么，你对企业的价值在哪里。

原本想请小说主人公原型蔡先生亲自帮我写序，但是一个集团公司的CFO确实分身乏术，只能赶鸭子上架自己动手。考虑到财务问题过于敏感，书中只引用了他独特的管理理念，很多细节只为阐述专业问题和处世之道，多数为虚构，如有雷同纯属巧合。

财会是个范围宽广的技术学科，对于专家学者的精辟观念，本书望尘莫及，仅就日常生活中常见的问题发表些许个人观点，如有技术问题或描述不当请见谅，欢迎指正、切磋。

　　写本书的目的仅为一种分析和总结，人生需要走走停停，财务人员善于运用左脑进行逻辑分析，就此开动右脑将枯燥的财务理念用有趣的故事理顺，这是笔者一直想做的。书中的报表模式具有实践性，但数字均为虚构，只为点明工作技巧，请勿用于实际操作中。

　　与不同层次的人接触，你会发现自己的视界发生了很奇妙的变化，眼界宽了，心也随之变宽广。无论你是小职员、管理者，抑或创业者，只要善于发现每个人的闪光点，就会发现工作原来是件快乐的事情，哪怕你从事的是看起来枯燥至极的财务工作。做好一份工作需要耐心和毅力，写书也是如此。人生需要将一件事进行到底，管理好自己的才能，管理好自己的时间，管理好自己的人生。

　　此书特别献给正迫不及待来到这人世间好好游历一番的小蘑菇同学。谢谢你给了妈妈勇气和力量完成这本书，让我拥有完成一件作品和完成一个身份转换的美妙感觉！同时感谢对于本书出版给予许多帮助的编辑朋友，感谢李光宇、宋国华、李植平、张玉红、高莞、张啸龙、尤卫平、陆崇文、邰辉、赵玮娜、刘怡杉、敖翔、韩璐、蒋屹、李永兰等亲友的鼎力协助。

　　古德公司行政管理人员组织机构图、财务部工作职位描述及主要人物简介附后。

默 默

2012年10月

古德公司行政管理人员组织机构图

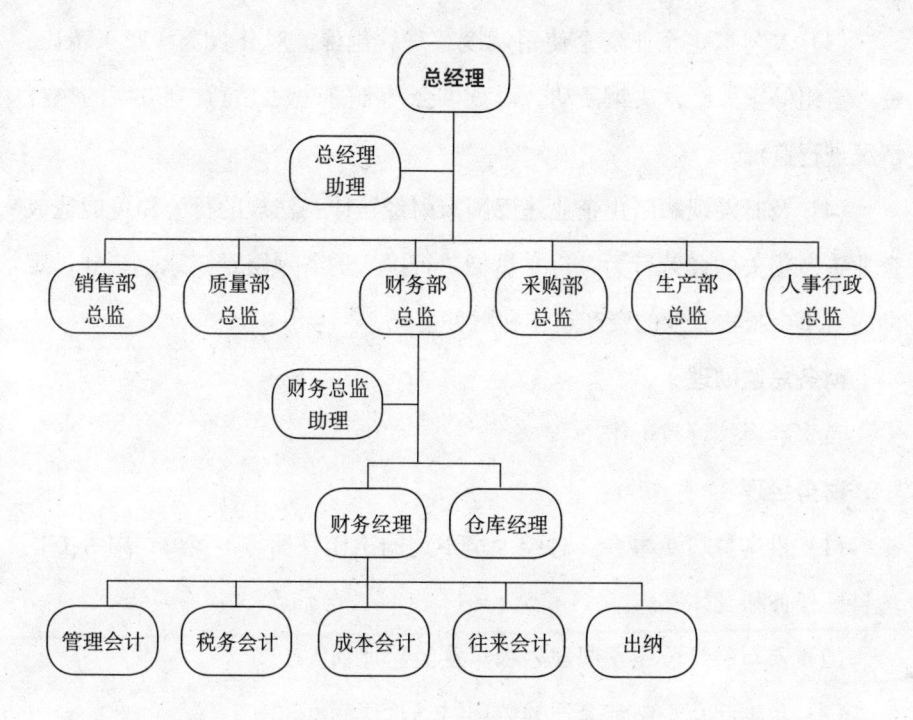

```
                    总经理
                      │
                  总经理助理
                      │
   ┌──────┬──────┬────┴────┬──────┬──────┐
 销售部  质量部  财务部   采购部  生产部  人事行政
 总监    总监    总监     总监    总监    总监
                  │
               财务总监
                助理
                  │
            ┌─────┴─────┐
          财务经理    仓库经理
             │
   ┌─────┬───┼───┬─────┐
 管理会计 税务会计 成本会计 往来会计 出纳
```

注　古德公司是一家美资制造业工厂，经营的是环保材料。对于很多分工更加细致的公司来说，财务部根据整体构架会分为会计部、资金部等。

财务部工作职位描述

财务总监

（1）协助企业经营者拟订年度预算方案、费用开支计划、筹资融资计划、利润分配方案、亏损弥补方案等。

（2）负责组织编制财务、会计和审计计划，协调各项经济计划、业务计划,组织并监控日常的财务、会计和审计活动。组织经济核算,实施经济责任制,审核企业的财务会计和审计制度,审核各种财务会计和审计报告,并及时上报董事会。

(3) 参与拟定企业资金使用调度、贷款担保、对外投资、产权转让、资产重组等重大经营决策活动。对董事会批准的重大经营计划方案的执行情况进行监督。

(4) 及时发现和制止企业违反国家财经法律、法规的行为和可能造成企业资产损失的经营行为。自觉贯彻执行国家的各项财经法律、法规,定期向董事会报告企业的资产运作和财务情况。

财务总监助理

负责翻译、行政工作。

财务经理

(1) 贯彻执行董事会、总经理室下达的工作目标,落实公司财务方面的目标任务和具体工作。

(2) 参与制订公司发展规划和年度经营计划。

(3) 负责起草、制定公司的各项财务管理制度。

(4) 主持编制公司财务计划、信贷计划、财务预算、财务报表等。

(5) 审查公司投资项目及各类经济合同,对可行性提出评估意见。

(6) 执行审批制度,按规定的开支范围和标准核报各类费用。

(7) 负责公司各项收支活动的检查、监督,合理安排资金,降低财务风险。

(8) 定期组织编制公司的日常经营情况表,为领导决策提供信息。

(9) 组织公司的年度审计及专项审计工作的落实。

(10) 加强与财税、金融机构的联系,保持良好关系,拓宽融资渠道。

仓库经理

负责仓库收发货及物流相关事宜。

管理会计

（1）负责拟订公司会计核算的有关工作细则和具体规定，报经领导批准后组织实施。

（2）参与拟订财务计划，审核、分析、监督预算和财务计划的执行情况。

（3）负责会计监督，审核会计凭证。

（4）主动进行财会资讯分析和评价，向领导提供及时、可靠的财务信息和有关工作建议。

税务会计

（1）负责公司固定资产的财务管理，按月正确计提固定资产折旧，定期或不定期地组织清产核资工作。

（2）正确掌握国家的税收政策，合理规划公司的税收支出，协调与税务部门的关系，处理各项涉税事宜。

（3）协助有关部门开展财务审计和年检。

（4）处理外汇管理及外汇核销事宜。

成本会计

根据规定的成本、费用开支范围和标准，审核原始凭证的合法性、合理性和真实性，审核费用发生的审批手续是否符合公司规定以及材料核算、成本结转。总体上，成本核算是比较复杂的一个工种。

往来会计

负责应收应付款处理以及其他内务。

出纳

出纳是财务部最为琐碎的，也是与外部打交道较多的职位。

（1）现金的日常收支和保管，银行账户的开户与销户。

（2）按财务规定做好报销工作和每天的现金盘点，核对账目，补充备用金，定期编制出纳报表。

（3）登记现金日记账，并结出余额，每月同会计对账，与总分类账核对。

(4) 查实、汇报各银行账户余额，定期向上级领导汇报具体银行存款及备用金情况。

(5) 登记银行存款日记账，每月根据银行对账单进行核对，并同会计对账，与总分类账核对。

(6) 收款收据、发票、空白银行票据的领购、保管与开具，定期整理装订银行对账单。

(7) 做好结付货款工作，核对结算支票、汇票，并解缴银行，保证货款及时到位。

(8) 办理工资银行卡，发放工资，办理各类信用卡，交存现金。

(9) 在保障安全、准确、及时办理资金收付业务的前提下，适当协助会计人员办理外勤工作。

主要人物简介（按照组织机构图顺序）：

总监：尼基

思维活跃，有人情味。这个新加坡华人的中国话很糟糕，却是个热爱中国文化的"中国通"。爱工作、爱生活、爱老婆。

助理：简

神经大条，总是处于神游状态的欧美电影迷。外号"小糊涂仙"，是财务部的非财务人员。

财务经理：陈默

成熟内敛的中年男人，猜不准、摸不透的世外高人。爱炒股、下棋、看书，按部就班、稳扎稳打。

仓库经理：铁珊珊

外号"铁扇公主"，公司部门整合后，仓库被划分到财务部。作为仓库管理人员，算是财务部的非财务人员，但也需要一定的财务知识、管理理念和应变能力。

管理会计：章钰

冷静沉着、工于心计，外号"章鱼"，乘坐职场直升机步步为营。

税务会计：萧翊

风度翩翩的年轻男人。唱歌跳舞都很棒，后因涉税问题被查出流氓会计行为，被撤职。

成本会计：王琳

秀外慧中、乐于助人、善解人意的大姐姐。

往来会计：刘苏

认真务实但飘忽不定的文艺青年。

出纳：李郁芳

大大咧咧、神神道道、不思进取，外号"快嘴神婆李郁芳"。

目录 Contents

第 1 杯　会计旅途第一步·····································001

第 2 杯　公司遭遇财政危机·································008

第 3 杯　读懂《弟子规》，熟悉财务部······················013

第 4 杯　报表里的智斗······································019

第 5 杯　没完没了的分录····································031

第 6 杯　付款申请有绿色通道·······························038

第 7 杯　能解燃眉之急的银行贷款··························043

第 8 杯　老板眼中的绩效考核·······························050

第 9 杯　会说话的钞票······································054

第 10 杯　智慧不折旧··057

第 11 杯　预算管理的奥秘···································062

第 12 杯　财务部有雷池·····································069

第 13 杯　小心红线绿线，防止暗箱操作····················071

第 14 杯　看似富足的公司为何濒临倒闭····················077

第 15 杯　新资注入，否极泰来·····························081

第16杯	盘点诚信	084
第17杯	"善人"卖货,"恶人"算账	089
第18杯	财务人员的修养	095
第19杯	坏账?坏蛋?	101
第20杯	财务人员的职场禁言	105
第21杯	企业的利润从何而来	108
第22杯	暗藏玄机的资产周转率	115
第23杯	现代龙票——银行汇票	119
第24杯	会计何苦为难会计	125
第25杯	职场晋升靠实力	129
第26杯	记好流水账,管好保险箱	133
第27杯	SOP——工作指南白皮书	138
第28杯	巧用电子邮件,提升沟通效果	145
第29杯	数字弹性	149
第30杯	盈亏平衡点的取舍之道	154
第31杯	数字背后的故事	163
第32杯	在小吃店感悟结算流程	165
第33杯	会计就是稻草人	169
第34杯	借贷关系的低级错误你别犯	171
第35杯	财务会计的幽默感	175
第36杯	通过数字键盘了解自己	181
第37杯	财务部大合唱《团结就是力量》	187
第38杯	抓大放小才是大智慧	191
第39杯	会计也要拜师学太极	194

第 40 杯　好会计不是只会记账······················ 200

第 41 杯　谨言慎行，心中有乾坤··················· 207

第 42 杯　忙，不代表有效益······················ 210

第 43 杯　一眼看懂财务报表······················ 213

第 44 杯　你的目标，你决定······················ 218

第 45 杯　用财务杠杆可以撬动整个企业··············· 221

第 46 杯　工资，让我欢喜让我忧··················· 223

第 47 杯　工作是为了让生活更美好·················· 227

第 1 杯

会计旅途第一步

转眼又到毕业生蜂拥而上的就业高峰季，躁动的人群和这该死的鬼天气相得益彰地互相应和。

黎柏一开车把刘苏送到市中心 10 公里外的开发区。在古德公司的厂房门口，他轻轻拥抱了一下这个看起来有些紧张的小妮子，在她耳边叮嘱了几句便驾车离去。新人入世第一天，新好男人黎柏一告诉刘苏：见到新同事一定要眉低眼顺，切忌张扬跋扈，微笑的美女总会第一眼秒杀所有人。

刘苏踏入行政楼，脚步声回荡在安静的阶梯之间。一步、两步、三步……她徘徊着，心想要用什么样的方式和大家打招呼。

"是新来的刘苏吧？快进来！这是你的办公桌！"还没等姑娘开腔，一个笑盈盈的声音先入为主地打消了刘苏所有的疑虑和紧张感。

说话的是王琳，财务部的元老，也算得上是公司的元老。公司开天辟地的时候，她就成了公司的第一批员工。

刘苏放下手提包，在桌前坐下，忐忑不安地看着这个一脸善意的女子，这是她进入一个陌生环境的引路人。

王琳让她别紧张，人事部的招聘专员左芳因为出差没来得及带新人认识相关部门同事，临行前只得托财务部内部好好照料一番。

尼基在开会，王琳先把刘苏介绍给陈默。

"我来替你引见一下,这是我们的老大——陈经理,有什么不懂的就多向他请教。他可是我们部门的百科全书,呵呵!"王琳话音刚落,陈默和刘苏握了握手,告诉她日后她的所有工作直接向他汇报即可,有什么不明白的尽管问,大家都很团结友爱。

一旁的李郁芳同志已经按捺不住满腔热情,伸出手主动自我介绍:"你好,我叫李郁芳,他们都管我叫'快嘴神婆李郁芳',小美女你就不要管我叫姐啦,听着怪老的,叫我郁芳,嘿嘿!"

"郁芳,你好!"刘苏很喜欢眼前这个大大咧咧的女人,原先以为做财务的一定都是文文静静的,没想到也有豪放派。

王琳补充道:"她是办公室的超级神婆,人很好,她做出纳,你做往来,你们俩可要好好配合,否则对不上数字就会出问题啦!呵呵!"

"对,一定要做到日结月清哦!办公室新来一个美女,最开心就属我啦!"一个很好听的男中音引起了刘苏的注意,"刘苏小姐,很高兴认识你,我是会计中的战斗机,战斗机中的黄金战斗机萧翊。"

王琳没好气地捶了他几拳:"哪有一见面就这么咋呼的,呵呵,他主要负责税务问题,以后你们之间的工作也会有交集的,大家多多配合吧!别被他那张破嘴吓坏了!"刘苏礼貌性地笑了笑没做声,萧翊倒是个好脾气的男人,略微收敛地坏笑,便开始埋头做尼基要的报告,下午要交,怠慢不得。

王琳接着做了自我介绍:"转了一圈,差点把自己给忘了。呵呵,我叫王琳,专做费用这一块,也涉及生产成本,和你的工作交集不太多。有什么不明白的可以多问问大家。同一屋檐下,小姑娘勤问勤学会很招人喜欢的,呵呵,这样一来工作就会有效率。"

"哟,这是哪来的小美人儿啊?"寻声望去,一个打扮入时的年轻女子端着一杯咖啡走进办公室,她身材曼妙,眼神迷离,若有似无地上下打量着刘苏。后面还跟着一个看起来古灵精怪的女孩,年纪也不大,似乎和

刘苏相当。

刘苏微笑示意，通过王琳的再次补充介绍得知：爱喝咖啡的美女是尼基最喜欢的一个员工章钰，专业技能相当了得，三年内从小小的出纳位置直升管理会计岗位，有时候甚至可以越过财务经理直接向总监汇报，能力不容小觑；和刘苏年纪差不多大的女孩叫简，是尼基的助理，也就是翻译，英文出众，眼力也相当"厉害"。后来，郁芳爆了一个料，简曾把她递上去申请签字的支票用途一栏中"猎头费"错看成"猪头费"，无辜地问郁芳："哪家猪头这么贵？"神婆笑得直不起腰来。尼基则一脸迷茫地看着两人，小女子的迷糊程度可见一斑啊。

说到尼基，这可是古德公司名正言顺的财神爷。尼基，新加坡人，五十出头，有一个温馨美满的四口之家，在中国已经待了四年。一般这样的外企高管，任期五年就会被调走，要么坐上直升机进入集团总公司高级管理层，要么就因为业绩不佳公司不再与其续约。总监的工作有时候也会显得相当琐碎，所有支票、申请单、报表都需要他的签字。虽然他的蝌蚪文看起来很简单，但是模仿起来可不是一件容易事。外国人的思维非常有意思，他们认为中国人习惯性地用图章代替签名是件特别不靠谱的事情，虽然不费事，可一旦章落到别人手里就意味着权力暂时掌握在他人手中，若发生不该发生的问题，权责如何说得清。尼基很有耐心地签完所有单据，遇到难搞的合同恨不得一页一页地签，像盖骑缝章一样。这看起来是件多么傻的事情，但也是老外们的精明之处，只负责自己职权内的事宜，签字是对工作的负责，不签字可视为不同意或不作为，将风险与责任全部推出去。

尼基开完会回来，看到刘苏，笑容满面地示意她进办公室。

刘苏好不容易放松下来，又快速进入积极备战状态。进入总监办公室落座后，尼基抛出了第一个问题。

"欢迎你加入！你是经过层层面试入选财务部门的，我对你之前的面试表现相当满意，但是不知道你怎样看待你的专业，你知道你的工作是什么吗？"

深呼吸，冷静思考了几秒钟之后，刘苏用英文很认真地回答道："具体的工作并不清楚，因为我第一天入职。不过据我了解，我应聘的这个岗位是往来会计，与销售部和采购部接触比较多，是次于出纳活跃程度的一个职位。我学的是财务管理专业，会计学是必修课，把账务搞清楚就是我的任务。否则将错误信息输入系统，下一道程序上的同事就会做出错误的报告，这是环环相扣的流程，所以我得细心对待每一张原始凭证。我的理论知识已经在学校中得到了验证，目前需要的就是快速进入角色，进行实战练习。希望领导和同事们给予一些帮助，我会努力的！"

刘苏同学不愧为学校优秀通讯员和英文比赛最佳辩手，强装镇定地陈述着这个一知半解的话题，滴水不漏的逻辑思维和出类拔萃的表达能力让尼基很满意。

"外企是个有朝气有活力的地方，高薪的诱惑力吸引了很多年轻人来到这里，付出青春和努力，有的人成功了，有的人却失败了。想知道为什么吗？"尼基推了推眼镜，镜片后头的那道锐利目光像是要把这个姑娘一眼看穿似的。

刘苏并不急于作答，她记得黎柏一说过，在高管面前切忌自作聪明，对于这样见仁见智的问题还是做听众比较稳当。

她笑着摇摇头。

尼基和蔼地一笑，继续说道："知道你的领导是谁，也就是你在为谁工作，你就等于成功了一半；知道你的领导在想什么，你就成功了一大半。还有个画龙点睛的部分——你的技能在你预期的范围内得到提升，达到某个水准，你就可以说自己成功了。因为那意味着你的老板认可你的忠诚、智慧和价值，你就可以要求更高的职位或薪水。你一个人能做五个人的事情，那么这五个人的薪水你也值得拥有。有的年轻人虽然从底层做起，却善于观察细节，吸取各家所长，最终步步为营，谋得一个好前程。有的年轻人起点比较高，一到公司就得到了很高的位置和薪水，便不再努力上进，凭着小聪明，不断耍小伎俩保住职位混日子。你是要学会打鱼的本领，还是要我送你几条大鱼，哪个更划算？"

哦，天！一个人能做五个人的事情，那么这五个人的薪水你也值得拥有。怎么听起来那么耳熟，好像是某个化妆品大牌的广告词，有点意思。当然，刘苏也听出了这番话中的弦外之音，尼基看似传道授业，实则告诫新人一定要勤勉机灵才能胜任，进而获得提升。遇到一个哲学系教授型的领导，说话这么有艺术，不太好应对啊，果然是只深谋远虑的"老狐狸"。

刘苏乖巧地作答："当然是要学会打鱼的本领，别人施舍的鱼吃完了就没有了，下一顿吃什么呢？"

尼基对她的回答表示赞叹，他确实喜欢聪明懂事的员工，聊了差不多半个钟头的题外话才交代她去陈默那里了解自己的具体工作和流程。通过拉家常似的聊天，第一时间了解员工的品性、思维方式，果然是高人！

严肃的财务经理告诉她：处理账务，是每个会计必备的本领。搞清楚三样东西，基本上就能应付自如。第一，借贷；第二，科目；第三，程序。如果会做记账凭证、能编制会计报表了，那么试用期肯定就可以过关了。

多么言简意赅的入门指导！

电脑还没有配好，索性翻一翻柜子里的凭证，查查实务操作，学习学习。

企业的经济业务很多，主要分为六大类——资产、负债、所有者权益、收入、费用、利润。

第一只柜子：标明你拥有什么，包括资产、负债、所有者权益。

第二只柜子：标明你赚到多少，包括收入、费用、利润。

第一只柜子的每个抽屉都标上了会计科目，也就是这三大类的明细科目。

资产类抽屉里装有：库存现金、银行存款、应收票据、应收账款、预付账款、原材料、库存商品、委托加工物资、待摊费用、固定资产、累计折旧、在建工程、商誉等。

负债类抽屉里装有：短期借款、应付账款、应付票据、应交税金、应付职工薪酬、应付股利、应付利息、预提费用、其他应付款、预收账款等。

所有者权益抽屉里装有：实收资本、资本公积、盈余公积、本年利润、利润分配等。

第二只柜子分三层：收入、费用、利润，其他的后面有详细描述。

借贷和科目都学过，如有遗忘只需要上网下载一张会计科目汇总表，知道哪个科目和哪项业务相匹配，归属于哪个大类即可。至于陈默提到的流程，估计要在实战经验中才能学到。师傅领进门，修行看个人。职场上没有无私的老师，只有心明眼亮的偷师小徒弟！

★第1块方糖★

猫捉鼠，鱼鹰捕鱼，职场中的竞争等于生态食物链中的优胜劣汰，你必须先扮演鱼鹰学到本领，才能做一只年年有鱼吃的幸福猫咪。

小会计成长记

第2杯

公司遭遇财政危机

刘苏进公司没多久,第一个圣诞节悄然而至,这相当于老外最为重视的新年。一个月之前,行政部就开始紧锣密鼓地张罗起圣诞树、彩带、喷漆和员工礼物。公司的意见箱里也开始多了一叠纸,多数是对礼物的建议。有人想要津贴,有人想要假期,有人想要丰盛的午餐,有人想要iPhone 4S,要什么的都有,但是通知迟迟没有张贴在公告栏上,大家都不知道是惊喜,忐忑着继续埋头工作。

晨会上,老板看着一直处于低迷状态的生产数据皱起了眉头。几个贴心的部门主管和车间主管立刻主动提议,要求加班寻找生产数据下滑的根源,老板很满意,给他们两天时间交出报告。

行政部专员梅见老板的脸上有了一些血色,怯怯地发问:"请问今年的圣诞节礼物标准是多少,和去年一样吗?"

老板有些不悦,一提到要花钱的问题,恨不得让大家瞬间进入盗梦空间,永远不要醒来,不再追问下去。不过,大家都用期待的眼神看着这个坐在主位上的中年男人。他不动声色,瞄了瞄坐在一旁一直默不作声的财务总监尼基。

尼基示意助理将本月财务报告中的部分数据快速整理成一张图表。投影仪显示出的那条急速下滑的曲线代表着老板兜里的钱越来越少,大家开

第2杯 公司遭遇财政危机

始沉默。

梅是个二十出头的黄毛丫头，脑子一时没反应过来，看到数据就自作聪明地脱口而出："是不是需要买便宜一点的？"

老板依然没有作声。会议室整整沉默了五分钟，但好像有一个世纪那么久。

尼基一言不发地走出会议室。2分钟后，财务部的王琳拿着一叠报告进来了。尼基点点头，示意她分发给各个部门。

所有部门主管都倒抽了一口冷气，原来这是费用报告。不仅明细到了部门，居然还细化到每个部门的通讯费、差旅费（分为国内国外、飞机和火车)、招待费、交通费、培训费等。

梅看到行政部费用跃居首位有些委屈，带着哭腔向老板诉苦："大家都在问节日礼物的事，我也没办法。我们部门的费用都是为公司支出的，以后先向老板请示。"

老板最见不得女孩子哭，心软了："请各位主管把自己部门的费用都看清楚，有没有不该花的。现在资金紧张，公司运营不顺，大家好自为之吧！"

一次沉闷的会议，并且没有讨论出任何结果，圣诞礼物的事情就此搁置。

梅到财务部报销手机费的时候，一个劲儿诉苦，好端端的青春美少女被折磨成了祥林嫂，真可悲。王琳忍不住安慰了她几句，让她别往心里去，老板有老板的心思，对事不对人。

是啊，这事确实是撞到枪口上了。所有部门都有乱报销的现象存在，行政部和财务部都属于服务性部门，报销的机会少得可怜，都属于劳碌命。梅越说越难过，小声抽泣了起来。

尼基正好从老板办公室回来，看到花容月貌的梅哭成了大花脸，不禁笑了起来。梅一直以为尼基向来不苟言笑、中规中矩，难道自己生来就是个大笑话吗？

梅问尼基，为什么老板那么生气。

尼基一语道破天机："梅，老板可不是圣诞老人！"

梅还是没有反应过来，尼基笑而不答。

聪慧的王琳微笑着解释："在那种场合，你得顺着老板的意思。等到他气消了，再慢慢谈，看看有没有商量的余地。"

梅豁然开朗，接过刘苏递来的纸巾抹去了委屈的泪水。

正在数现金结账的出纳郁芳拍拍梅的肩膀，给她信心："老板平时挺和善的，每次找他签支票，他都挺客气。这回一定是因为生产状况太差了，没心思想着员工福利。圣诞老人一过节就得无偿派发礼物，你说他能不气吗？"

梅有些小惊讶："我还以为你们财务部只会算账呢，原来老板的心思你们摸得这么透。刚刚那几张报表都把我吓傻了。"

王琳倒是个热心肠，不紧不慢地告知梅："那只是例行公事，老板需要让大家知道费用远远超出了预算，目前销售状况也非常不佳，控制成本是必需的手段。如果没有那些数据，你不会感到囊中羞涩，只有我们这些天天看着你们烧钱的人才会心里有数。"

梅叹了口气："公司什么时候才能盈利啊？"

王琳和郁芳面面相觑，不约而同地笑出了声。

郁芳吓唬这个可爱的姑娘："嘘！这是公司机密，再问下去就要把你抓进安全局了，呵呵。"

王琳写了个等式给她看：

利润＝营业收入－营业税金及附加－销售费用－管理费用－财务费用－资产减值损失＋公允价值变动收益（－公允价值变动损失）＋投资收益（－投资损失）

见梅一知半解的模样，王琳继续当起了财务课堂老师："利润是指企业一定期间内获得的经营成果。公司目前还没有卖出去任何产品，没有营业收入，但成本和费用一直在增加。尼基一般都会让我们做预算，你也可以将费用报告先以预算形式提交，等通过了审批再提出来就不会成为众矢之的了。你好好想一想，没有利润，老板怎么有心思做慈善事业呢？"

面对直观的费用报告和空荡荡的利润表，梅都明白了。

今年的圣诞节，行政部组织大家一起动手做圣诞树和装饰品，并且每个人都准备了一份圣诞礼物，大家用交换的方式得到了意外的惊喜。

尼基得到的是郁芳亲手做的蛋糕，王琳得到的是老板送出的新款手机，车间主任得到的是采购部提供的帽子，销售主管换到了可爱的阿拉蕾抱枕准备回家送给女儿，梅得到了尼基送的书《管好会计，当好家：财务总监的 50 条黄金法则》……

这大概就是最好的圣诞礼物吧。

★ 第 2 块方糖 ★

老板的哲学是：下属就该替我着想，而且不能出任何差错；我的地盘我做主，一切我说了算。"知道老板在想什么，你就成功了一大半。"果真一语中的。

第3杯

读懂《弟子规》，熟悉财务部

早闻尼基家有贤妻，膝下一双儿女，美满到令人羡慕。一次部门聚餐，尼基心情大好，和众人聊起了家人。

尼基也像我们一样，从小不是含着金汤匙长大的，小时候最爱吃的食物是苦瓜。他认为"No pains, no gains"（吃得苦中苦，方为人上人）。看着他大口吃着咬劲十足的鱼翅，郁芳猛吞口水，但是又不好意思点，只得闷头吃扇贝。尼基是老外，很大方，但是不会像中国人一样，人家不好意思要，碍于面子还得为别人点一份和自己一样的。这一点，外国人总是直来直往。

鱼翅如同粉丝一样滑入喉管后，尼基说起了他的儿子。

儿子蹒跚学步时，他们一家还住在公寓里，楼梯很陡峭，很多邻居都在楼梯口装上防护带（具体怎么装的不清楚，只有大人有办法能通过），唯独尼基没有。

相处了几个月，刘苏认定他是个天生的老师，但是对于自己的亲生儿子，怎么能这么狠心呢？就不担心他会咕噜噜当成肉球滚下去吗？

看着刘苏满脸的诧异，尼基慢条斯理地大谈起了育儿经。

"怕他受伤害？那就教他如何不受伤！"这就是尼基的教育理念。他一直认为管理员工和管理子女是一个道理，有些人活到二三十岁还不如几岁的孩童成熟，做事马马虎虎、有始无终不说，还满嘴谎言，可能是害怕说真话的孩子会被皇帝杀掉吧。

手把手教会儿子扶着楼梯的铁栏杆，一步一步地走下去、走上来，每天如此，反复几日后，孩子很快就学会了上下楼梯，依然用尼基的方法——小手紧紧抓住栏杆，一步一步行走。

尼基大赞儿子聪明懂事，越走越稳当。

"那您的女儿呢？"刘苏很好奇。

"她也同样。手扶楼梯，教她学会避免摔倒的方法，就这么简单！"尼基说到自己的孩子，父亲的形象取代了领导的派头。

"我以为外国人会重男轻女，原来尼基对儿女都一样对待呀！"王琳插话道。

刘苏突然想起有一回去尼基办公室签一份文件时，看到桌上有本《弟子规》，一时兴起问他是不是为了教育孩子的。

尼基神秘一笑："这个不是对付我的孩子，而是对付你们的！"

简不乐意了，娇嗔道："我们怎么是小孩呢？"

章钰也加入了这个话题讨论："你不就是小孩嘛！只有小孩才会撒娇！"

大家哈哈大笑。

章钰跟着尼基做事很多年，心里自然清楚尼基是用最简单的办法对付复杂的事。人是最复杂的生物，性格、才能、情绪在不同的时间都在不断变化，这个世上唯一不变的规律就是万物都是不断变化的。若是把人想得太复杂，你未必有能力剖析人物性格，发现他／她的才能，控制这个人的情绪，使其心甘情愿为你服务。

尼基对中国学生不太满意，很多中国留学生在国外都在拉帮结派地混日子，缺点被无限放大，自由反倒成为任性的理由。新时代的家长们忙于事业，不但很少有时间关心孩子的学习成绩和身体健康，而且往往忽略了

第3杯 读懂《弟子规》，熟悉财务部

教孩子懂规矩、守规矩，忽略了教孩子如何做人、如何待人接物。孩子们战战兢兢进入社会，乃至为社会服务的时候，由于不懂道理、不守规矩而犯大忌。有些孩子甚至不以为然，固执己见，身上的坏毛病始终不改，只想着买奢侈品互相攀比，难成大器。

尼基告诫大家：财务部掌握着公司的经济命脉，内部沟通大于外部沟通，相较其他部门而言，简直可以算得上是佛门清净地，不用和供应商为原材料采购合同费力砍价，不用和客户为了交货期延迟是谁之过争执不休，不用处理客户的投诉和抱怨，需要的只是耐心和细心。

当然，财务部员工也需要抵得住诱惑，管好公司的钱袋子而不能有任何念想，否则会落得身陷囹圄的下场。财务人员也有权责问题，条条框框的事项错综复杂，学会抽丝剥茧抓住主要问题才能不出方向性的差错。财务部有若干个员工，虽说男女搭配、干活不累，但是俗话有云："有三个人的地方，就有战争！"工作上的那点摩擦总归是有的，没有一项流程可以做到无懈可击，牙齿碰牙齿的事情也时常发生，财务总监作为大当家，他是如何管理好这个看似简单却没那么简单的财务部的呢？

《弟子规》对于职场中人来说，从"社会人"的角度看，没有一定阅历的人几乎都是儿童，都在不断地学习成长，要避免受伤，练就金刚不坏之身，学会处世之道，其核心思想就是四个字：孝、悌、仁、爱，用三字经的形式和三百六十句话简明扼要地提出对孩子的言语、行动、举止、待人、接物等方面的规范要求。浅显易懂，押韵顺口，朴实无华，深入浅出。

部门中，最有国学修养和文学造诣的非陈默莫属，他太太是大学中文系教授，据说夫妻俩初识时是因彼此对文学的热爱才惺惺相惜、坠入爱河的。

陈经理意味深长地吟了几句："父母呼，应勿缓。父母命，行勿懒。父母教，须敬听。父母责，须顺承。事虽小，勿擅为，苟擅为，子道亏。物虽小，勿私藏，苟私藏，亲心伤。"

郁芳最怕听到文言文，求解。

刘苏的一番解释很到位："父母叫你的时候，你要赶紧应答，不能有任何怠慢。父母命令你去做的事情，你要马上去做，切忌懒惰。父母教训你的时候，你要恭恭敬敬地聆听。父母责备你的时候，你要顺从地接受。事情虽然很小，但不可以先斩后奏，假如不汇报就擅自做主，那么你没有做好为人子女的本分。一样东西哪怕再小，你也不要瞒着长辈偷偷把它藏起来。如果你把它藏起来，就会伤害长辈的心。"

有意思！《弟子规》把孝放在首位，孝也是儒家传统的核心概念。在第一次和刘苏的谈话中，尼基就提到知道你的衣食父母是谁很重要，同样地，你也得对它有所敬畏。这里的"孝"被衍生为职场生存法则：上司的命令必须绝对服从，想到就去做，不偷懒，不自以为是，犯了错误不要带着一千个谎话去推脱，老板喜欢有担当的员工。

企业员工等级分明，看一开头那张局部组织机构图就能得出一二。每个岗位都有自己明确的职责范围和权限，越级汇报是大忌，没有上级批准擅自行动更是大忌中的大忌，不能夸你勇敢，只能说明你没有组织纪律性，个人表现意识过强，忽略了团队力量。尼基虽然看起来总是平易近人，但是听王琳说，他也会发火。记忆中最深刻的一次就是ERP系统上线时，软件主管将一些只能让财务部知晓的信息让其他部门也可见，并没有通过他的许可。虽然IT不归财务部门统领，但是关于钱方面的敏感信息理应由ERP经理也就是他的上级和尼基沟通一致之后才能决定。看来，尼基不仅要求自己部门内部必须做到这一点，对外也不含糊。IT主管不仅道了歉，还主动向尼基讨教权限问题。这叫财务范儿！

要把圣贤书吃透还是需要多费心思的，其实道理很浅显，运用发散思维去考虑，无非就是告诉员工：经济基础决定上层建筑，谁付你工资，谁就是你的衣食父母。叫爹娘有些伤自尊，就当做是长辈吧。长辈指的自然就是上司、老板，他们需要你做的事情，不能拖，不能说"不知道"，不能隐瞒真相。尊师重道的同时，不要自以为是、狂妄自大，也不要妄自菲薄，放弃冲向成功的机会，按部就班、循序渐进即可到达每一个目标。年幼之时，即使未读圣贤书，父母教得好，提供一个良好的学习环境，依然能培养出正人君子的品行。

君子坦荡荡，小人常戚戚。纸上谈兵总有些学生气、文人酸，面对耍无赖的流氓、斗心机的同僚，你会做个坦荡荡的君子，还是卑躬屈膝的小人？

尼基自然希望自己的部下都是前者，但往往事与愿违，扮猪吃老虎的人比比皆是。谁也不知道画皮的那个到底是谁。再者，你们不斗，怎么才能把问题捅出来呢？各扫门前雪，明哲保身，既不做君子，也算不上小人。老板只得对着混乱的报表咆哮，谁也不知道到底在哪个环节卡了壳。

从最简单的第一关说起，资金的流进和流出。假如财务部门有人中饱私囊，各做各的，谁也不愿意当董存瑞。就怕捅出了娄子，碉堡还没炸掉，倒先让自己粉身碎骨了。钱没了，人也没了，谁之过？

据说，刘苏的前任就是因为向管理层反映前任财务经理和前任采购部经理狼狈为奸、串通一气采购一大批价值不高的设备，愣是按照进口货的价值购入这件事而被调岗的。谁瓜分了这笔钱？兴许图谋不轨的还不止这两人。幕后黑手是谁？两人锒铛入狱前主动交出赃款，古德公司为了稳住军心，内部消化了这个重大丑闻，结果举报有功的会计反倒被调至行政部当苦力。不久，此人不堪舆论压力，自动离职。这是管理者为了压住惊天内幕再三权衡之下的计策，还是一场鸡飞蛋打的闹剧呢？

会计的直接领导是财务经理，你把自己的上司都出卖了，目的是为了逼宫吗？上级的上级害怕被牵连进去，也担心"教会徒弟，饿死师父"。什么该报，什么不该报，什么时候报，用怎样的方式报，这很重要，等待合适的契机是一种修行。那个会计的做法是对的，但其初衷究竟是什么，我们不得而知。

尼基讲起《弟子规》，一脸严肃："事事都要汇报，但不可越俎代庖。起码要和自己的上司商量，切忌自作聪明。人只有两只手，拿多了自然会露出来。贪婪是无药可救的，你失去的一定比获得的多得多。"

> ★ 第3块方糖 ★
> 　　一片混沌之下，做个好孩子比做坏小孩好得多。管他是阴谋还是闹剧，做个听话的孩子，总会有糖吃！

第4杯

报表里的智斗

天气越来越炎热,办公室的空调开到了20℃,因为章钰怕热,怕冷的同志只得套上外套埋头工作,谁也不计较什么。刘苏想起小时候看过的外国幽默故事:一节车厢里有两个妇人在吵架,列车长闻讯跑来调解。结果两个泼妇互不相让,一个怕冷,要求关上车窗;一个怕热,要求打开车窗。开开合合之后,争执的妇人几乎要大动干戈了。列车长语不惊人死不休,对着满车抱怨的旅客们宣布:"咱们先关闭车窗热死怕热的这位女士,然后打开车窗冻死怕冷的那位女士,大家说这样处理好不好?"车厢里立刻鸦雀无声,再也没有人抱怨什么。显然,大家对列车长的处理意见满意极了。两个女人也立刻闭嘴,受着煎熬反倒开始同病相怜起来,拉起了家常。

美资企业行政大楼的窗户都是摆设,真正能放出些人气的只有排风扇,这让原本就让人透不过气来的办公室处于高压状态。陈默可不是列车长,他对章钰的自作主张早就习以为常,大家也懒得与之计较。冷了可以加衣,热了只能扒皮。忍一时风平浪静,退一步海阔天空。财务部鸦雀无声,大家都在集中精力做报告。

运营状况不佳,老板又在咆哮,嚷着要大开杀戒,不想养着一帮饭桶。尼基、陈默和章钰紧急讨论预算表,看看当前的资金状况能维持多久。

服务器出故障,系统无法使用,即时的银行余额显示不出来。郁芳火速赶往银行，拿着从回单箱里取回的银行账单和回单，花费了很多时间加加减减，边算边挠头："不对，不对……银行的小张肯定忘记了那笔税费的回单，昨天明明付出了，今天怎么没有单据呢？这怎么算呢？"

章钰等不及郁芳这么折腾下去，心想着，怎么连公司账上有多少钱都不知道，平日风风火火的女人做事情怎么可以这么儿戏，磨蹭到家了。碍于郁芳年长一些，章钰没吭声，问王琳要了银行对公柜台的电话。

拨过去，忙音……

过2分钟再拨过去，忙音……

5分钟后再打，终于拨通了！

"喂，您好！我是古德公司的会计，麻烦帮我查一下我司账面余额，谢谢！"章钰很客气地咨询，心里的蚂蚁已经成群结队爬到了嗓子眼。

花了十几分钟，章钰才得到答案，没看郁芳一眼，迅速埋头制表。

昨日余额－手头上已收到的银行回单（表示已经付出）＋今日收到的银行回单（表示已经到账）＝今日余额

好孩子刘苏在实习期间做过出纳，她知道应用软件比手工一笔一笔核对简单十倍。但是作为一个新人，不便对老人们指手画脚。平日里，她总是问些没有营养的问题，比如凭证纸应该怎么放进打印机、传真怎么发，连郁芳都觉得这孩子很天真。新人要有新人的姿态，低姿态才能让别人都喜欢你，愿意教你。谁愿意告诉一个趾高气扬的姑娘空调遥控器在哪儿？热死你活该！

郁芳被章钰沉默的抗议搞得很沮丧，毕竟做了这么多年出纳，不能说出公司钱袋子里有多少钱着实丢份儿，茶水间里又开始流传起八爪急功近利的流言。陈默是直系领导并没有责怪，系统又不是自己家的电视，说开就开，坏了就找人上门维修。站着就要数据，维修人员还没有联系上，谁不会乱了阵脚呢？当年进公司做出纳正逢章钰升职，公司财务制度也逐渐上了轨道，郁芳运气好，几乎不用操心，只需要进出银行即可，没有过多的额外工作需要她来做。

空余时间，刘苏用EXCEL设计了一张现金明细账和一张银行对账单（说明得很详细，每日填写支票和汇款单时，逐一录入作为流水账，日结月清，一目了然。或者直接将刘苏的银行日记账、现金日记账导出，与银行网站下载的电子对账单用EXCEL对比即可，数额不等的放入银行余额调节表），悄悄放在公共盘中，整个财务部人员都可以共享这个文档。除此之外，她还增加了一些最新的会计准则和新的财务报表模板。

尼基知道是刘苏干的。虽然古德公司的财务部号称是最有活力的组织，但是明争暗斗总是有的。在刘苏来之前，没有人会将自己的东西毫无保留地与他人共享。猫头鹰总是睁一只眼闭一只眼。企业中的新人则要善于做猫头鹰，明哲保身，大智者往往大愚，事事揣着明白装糊涂，才能始终立于不败之地。锋芒太露，必遭杀身之祸。

郁芳用了那张表格效率大增，直呼公司系统做得妙，连财务信息都更新得这么快，肯定是集团专用的共享表格。

书上说，大智者，愚之极至也。大愚者，智之其反也。外智而内愚，实愚也；外愚而内智，大智也。大智若愚，实乃养晦之术，重在一个"若"字，"若"设计了巨大的假象与骗局，掩饰了真实的野心、权欲、才华、声望、感情。这种甘为愚钝、甘当弱者的低调做人术，实际上是精于算计的隐蔽。

作为财务人员，同行之间并没有过多的利益之争，但不意味着别人不会取代你的位置。技高者才有资格趾高气扬。是敌是友，难以分辨。在与上级、平级相处时，糊涂总比聪明好。当年与刘邦共打天下的有功之臣们都非平庸之辈，而最后皆被刘邦和吕氏所害，唯有萧何能安度晚年，为何？萧何从来对一些大事持漠不关心的态度，这样刘、吕便放松了对他的注意，从而聪明地保全了自己。刘苏小小年纪便学到了郑板桥的"难得糊涂"，这样的糊涂，并非显示自己的无知。刘苏以部门学历最高的身份进公司，一开始就得到了尼基的赞赏，并非好事。章钰和刘苏相较而言，前者级别高两级。一旦你刘苏表现出才智超过她,她便有一种不安全的感觉,不会让你长期这样下去,可以说这是人性的必然。如果是特聪明的人,你就更应该注意保护自己,不要处处彰显聪明才智,要尽量装得糊涂一点,装得不如她,让她获得一种成就感。小事糊涂一点,大事留心一点,别让人揪住小辫子就行了。

心理学研究表明:人普遍有一种自我优越感,而且一个人的行为、情绪往往与这一优越感有着极大的关联;一旦他意识到别人的可笑幼稚或愚蠢,那种优越感便会给自我一个爽快的奖赏。反之,如果优越感感到自我的失败,而这失败是对方造成的,便会产生一种近乎专横的粗暴,并通过情绪、行为或语言把这种粗暴施加于对方,甚至于是一种不挫败对方绝不罢休的怨恨。这就是郁芳生气的原因所在。尼基多少也会听到一些关于章钰的流言蜚语,但是凭什么还这么看好她?正是因为他清楚章钰的品性不坏,只是脾气欠佳。当快人快语的郁芳遇上恃才傲物的章钰,自然是火星撞地球,非死即伤。刘苏的低调恰好缓冲了这样的碰撞,惹不起我就躲!

嫉妒是一个可怕的杀人工具。然而,它又是那么普遍地存在。作为人性的劣根,它像个幽灵,缠着人类不放。我们看不惯,但却拿它毫无办法。在此之前,我们甚至不以为然。别人懂的,我不懂;我懂的,别人不会,再正常不过了,这叫"难者不会,会者不难"。在日常交际中,我们时常感到有某种东西在控制着自己的情绪,稍不小心,它就要煽起对对方的怒火与怨恨。更糟的是,有时候我们根本不知道自己做错了什么,或者对方凭什么指责自己,因而怨恨便产生了。

当月,郁芳想暗自伙同刘苏借故拖延结账。刘苏一脸诧异:"这样不好吧?"

"让她嚣张去,什么都要靠自己,那么所有工作都让她一个人做吧!我们晚一两天,要么她就继续打小报告,要么就自己加班,累死活该!"郁芳显然还在气头上。

第4杯 报表里的智斗

刘苏一言不发,自然也不敢把这个秘密告诉其他人。怎么办?三个月不到,就要加入政治斗争?还算不上一场战役,只是一次偷袭。

两边都不得罪?还是找高人相助?

尼基在午餐前让刘苏进办公室谈谈转正后的方向。

说,还是不说?没有到非说不可的地步,还是做个乖孩子吧。

章钰正好进来汇报资金使用状况,看到刘苏有些疑虑。尼基招呼她也坐下,一同看数据,毕竟刘苏就是做往来账的,对于公司资金的进出比郁芳更为清楚。

很漂亮的一张报表。这是根据八月付出的固定支出和预估的费用制成的九月的资金可用额度。没有系统,自然只能见招拆招,按照可用的额度批款即可。刘苏想想几天前交给尼基看的应收账款科目汇总表做了一下午,直到每张表格的大小一致,抬头吻合,填写上制表人才满意地交给他看。尼基看到格式整齐的表格先是夸奖了一番,然后要求她重新整理一份包含了供应商应付款的汇总表一并查阅。章钰却可以化腐朽为神奇,兴许不用尼基交代,她会主动把两张表快速做好,连同数据分析一同汇报。

老板要知道九月资金预支,实际上就是想知道下个月他需要付出去多少银子。计算每月固定费用支出和次月变动费用预测就可以了(表1,表2)。除了考虑不变的成本之外,还需要考虑因产量变化而不断变化着的成本费用,如车间工人的加班工资。变动成本主要有:原材料、包装物、周转材

表1　固定费用（根据之前几个月的数据所得）　　　　　单位:千元

水电费	200
设备折旧费	10
机器维护费	10
管理人员工资	400
其他费用	80
固定费用合计	700

表2 　费用合计　　　　　　　　　　　　　　　　　　　单位：千元

固定费用	700
变动费用	2 100
9月资金预支	2 800

料（低值易耗品）、工人薪酬（含福利、社保）、机物料消耗以及制造费用中剔除设备折旧的其他费用（含水电费）。实际上就是人们常说的"料、工、费（剔除折旧）"。一般来说，变动成本都在生产环节。一直把自己当大爷的生产部一向没把财务部放在眼里，一句"忙着呢"就打发了等着数据的章钰。兵来将挡水来土掩，把上月原料采购的费用放进去，至少保证生产畅通无阻，其他的都不用操心。

尼基认可了每项支出的总额。询问预估的其他费用这个数据怎么来的。

章钰轻描淡写地答道："系统无法使用，等待银行查阅余额时，发了一封系统邮件给各个有关部门，迅速提交9月预付的资金明细。很多部门充耳不闻，没有在约定时间前提交数据，所以这项其他费用几乎为零，我只把每月大致的差旅费用做了个平均数录入，完成了这份汇总。明细附在后面，请过目。如果您同意这样的资金安排，我会将明细发给郁芳，让她在审核时一一对照，不在清单上的款项一律不予支付。每个部门都该对提交上来的数据负责。不在规定时间内配合我们的工作，视同默认。您觉得呢？"

好家伙！这才叫魄力！一目了然，清晰明了。没有花哨的格式，只有清晰明了的数据。刘苏暗自佩服章钰的效率和能力，这不是自己能做得到的。第一，自己遇到这档子事绝对反应不过来，她不仅安排自己部门的工作，还能有效地召集其他部门参与其中。第二，用巧力办好事。古德第一铁娘子非但没有把自己的花容月貌熬成面容枯槁，还以高姿态给了那些整日耀武扬威的业务人员、采购人员一记重拳：不想把客户关系、供应商关系弄拧，就给我好好干活,把正经数据交上来。公司没钱,看你们折腾去!

尼基一边签字,一边问:"郁芳为什么会生气?刚才听到她对着采购发火。"

章钰很客观地回答:"因为采购一直催着她付款,供应商也从早到晚追魂连环打电话,她生气是自然的。但是没办法对付,一味地做鸵鸟回避,不太聪明!"

刘苏隔着玻璃窗看见郁芳气呼呼地跑了出去。陈默接线,嘴巴一张一合说了什么就挂了电话。萧翊脑子果然灵活,直接把电话线给拔了,从此六根清净,凡人勿扰。

尼基很明白火星撞地球,毁的可是自己家的老窝。采购部和财务部硝烟四起,大家都在接受午夜凶铃的煎熬,生怕睡得迷迷糊糊又听到电话铃声响起,讨债人时而语气温柔,时而暴跳如雷,你摸不准什么时候他还会锲而不舍地再打来。财务部这个时候不团结,怎么能让采购部做好人,把责任硬往自己人身上推呢?尼基让章钰把批阅好的资金计划交给郁芳:"记住,我要你亲自交给她,把你的思路告诉她。"

章钰很少在意别人的感受,一向特立独行,甚至有时候都不把陈默放在眼里,但对于尼基的命令总是言听计从。

郁芳有了章钰转交的尚方宝剑,再也不为难了。大家看着有尼基签字的资金计划都不再争论,各就各位,同仇敌忾,供应商那边让采购部应对。尼基让章钰又做了份预算表提交管理层,请求资金支援。陈默也积极联系银行商谈贷款事宜,交代郁芳去银行找客户经理取回相应文件。

拖延结账的事情貌似早已被郁芳抛之脑后,刘苏长舒一口气,自己也不用为难了,真好。

尼基一直告诫刘苏这样的新人,想要得到高回报必须学会别人不懂的高技能。郁芳生气的原因分内外,外因源于章钰的光芒万丈刺伤了她。内因则是底气不足,她不愿意别人藐视她的专业技能。人生如此短暂和宝贵,要做的事情太多，何必为这种令人不愉快的事情浪费时间呢？知道该干什么和不该干什么，知道什么事情应该认真，什么事情可以不屑一顾。要真正做到这一点是很不容易的，需要经过长期的磨炼。如果我们明确了哪些事情可以不认真，可以敷衍了事，我们就能腾出时间和精力，全力以赴认真地去做该做的事，我们成功的机会和希望就会大大增加；与此同时，由于我们变得宽宏大量，人们就会乐于同我们交往。树敌太多只会堵死前进的道路。

《三国演义》中有一段"曹操煮酒论英雄"的故事。当时落难的刘备投靠曹操，曹操很真诚地接待了刘备。刘备韬光养晦、栖身许都，整日种菜灌溉，以此迷惑曹操，使其放松警惕。一日，曹操约刘备入府饮酒，议论谁为世之英雄。刘备点遍袁术、袁绍、刘表、孙策、刘璋、张绣、张鲁、韩遂，均被曹操一一贬低。曹操指出英雄的标准："胸怀大志，腹有良谋，有包藏宇宙之机，吞吐天地之志。"刘备问："谁人当之？"曹操说，只有刘备与他才是。被曹操点破是英雄后，刘备竟吓得把匙箸也丢落在地下。恰好当时一声惊雷巧妙地掩饰了他的慌乱。从容不迫的愚人最终骗过了曹操，你可以说他就是大智若愚的代表。

原本刘苏这个新进员工才是章钰的眼中钉、肉中刺，可她按部就班、不慌不乱，掩饰自己的小才能，安然度日。章钰试探了几回之后便对她放松了警惕。她一定有了自己的判断：这个小妮子不练个三五载还不成气候，这时候还不能成为强有力的竞争对手。刘苏这个刘备式的愚人收敛了自己的才气，积累元气，难保不会成为日后的劲敌。

刘苏一直认为自己是感性生物，从事这么一份超级理性的工作实属阴差阳错。小聪明着眼于炫耀，大聪明则致力于事业。但是这三个月来，她不仅暗自学会了EXCEL技巧，还从简那里学到了如何运用邮件系统处理公务，王琳教会自己的专业技能也够应付手头工作了。虽然荷包捉襟见肘，但收益颇丰。是不是英雄已经不再重要，尼基所说的打鱼的本领算是学到手了，饿不死自己就是学会了生存之道吧。

三个月试用期转眼即至，人事部的杰西卡来采集财务部对于刘苏的转正意见。陈默给了满分，报告提交至尼基手中。

尼基心里有数。尼基对每个员工都摸清了底细，别看他平时很少发表对下属的评论。他很清楚，郁芳平时看起来聪明机灵，实则只是半桶水直打晃。不然，做了多年出纳，怎会没有一丝进取之心呢？而刘苏这个小妮子被他一眼就能看穿，观其行听其声，她是个优点、劣势各半的年轻人。

刘苏在工作中的优势：

（1）对新鲜技能充满好奇。

（2）打破常规思考，另辟蹊径解决问题。

（3）能独立完成工作。

（4）考虑周到且能集中注意力沉下心来关注某个问题。

（5）能通观全局，看到意识与行为之间的联系。

（6）能洞察别人的需要。

（7）适应能力强，能很快掌握技巧。

刘苏在工作中的劣势：

（1）由于没有经验或者过于无秩序性的倾向，很难分辨轻重缓急的事务。

（2）不愿做与自己价值观相冲突的工作。

（3）过于理想主义，很可能会达不到心底的期望。

（4）很难在竞争激烈、气氛紧张的环境中工作下去。

（5）无法从实际出发预计做某事需要花费的时间。

刘苏的潜在缺陷：

（1）由于追求完美，可能会拖延工作任务。

（2）没有主见，没有方向感。

（3）固执地不按照逻辑和事实调整自己的看法。

(4) 花费太多的时间反复琢磨而不采取行动。

刘苏的发展建议：

(1) 适合灵活、安定而平静、不官僚的工作环境。

(2) 给予自己反思的时间和空间。

(3) 需要发展其坚韧、讲究实际和说"不"的自觉行动力。

(4) 需要更加强调和重视事实和逻辑。

(5) 需要发展和实施行动计划。

当然，尼基不会把这些心理活动写成长篇大论交给灭绝师太——古德HR（人事部）总监。他的评语很温暖，中文翻译如下：

需要学会现实地工作而不光是追求完美。职业满足会使你的工作主动性更强，积极性更高，更愿意努力工作。财务工作是细致琐碎的，但它可以帮你分析工作中哪些特质对你重要，并非苛刻地要求自己做到面面俱到。你需要从中选出你认为最重要的信息加以整合，并学会与不同性格的人共处一室的处世之道。提高自身技能，更好地融入团队，随企业的发展而发展，你的目标需要自己去争取达到。希望你继续热忱地从事这份有活力的工作！

转正后，心里的石头终于落了地，刘苏拖着疲惫不堪的身体回到家，打开电脑开始写日志，这是尘埃落定后的一种释放。

(1) 目前我的工作与我个人的价值观和信仰一致，我可以通过工作发挥我的想象力——三个月之前顶多是个愣头青、纸上谈兵的士卒，今天做了一件让郁芳感到满意的事情，说明实践成功，每天进步一点点。

(2) 财务是一门将所有事物分门别类细致化的工作，这让我更加有条理性。

(3) 三个月基本能做到独立完成工作，有一个私人的工作空间以及大量不受干扰的时间，并且有机会与我敬重的人交流观点——比如尼基、陈默。

(4) 我的工作环境是一个灵活性强的组织机构，其中繁琐的规章制度减至最少限度，同时允许我带着灵感工作。这与我对财务工作的枯燥概念大相径庭。

(5) 我喜欢和有创造力的人一起工作，且这个工作环境没有紧张的人际关系以及人际纠纷——合理化的财务制度让财务部成为避风港，凡事拿制度说事。

(6) 允许我表达自己别出心裁的观点，而且在工作中个人的发展受到鼓励与夸奖——尼基的评语表明，他很认可我的创新意识。

(7) 我是一个不善言辞的人，这份工作不要求我经常在大群人面前介绍自己，或者在我的工作还没有完成至我满意之前让我与大家分享——财务工作可以理解为百炼成精的活儿。

三个月的试用期，看看自己的笔记和对于别人的观察，貌似已经基本掌握了会计的日常业务：

(1) 银行对账、库存现金核对、费用报销。

(2) 管理固定资产：每月计提折旧。

(3) 发放工资：审核发放，按工资比例核算社会保险、职工福利费、教育经费和工会经费（古德这部分是交由人事部制作，由财务部审核及发放）。

(4) 清理往来账款：包括应收款、应付款，负责账款的核对，及时结算。

(5) 成本核算：做好成本的基础工作，准确计算产品成本，编制成本分析报表及结转成本。

(6) 结转利润：做损益类账户的结转。

(7) 计算税金：合理计算，每月15日前按时申报交纳。

(8) 编制报表：定期及时地编报，做好财务分析等。

梳理完一天的心得，依然没有睡意。刘姑娘原本以为自己适合做后勤工作，通过会计这块跳板往人力资源或行政方面发展，或者设计部门也行。没料到，自己却阴差阳错地被尼基收之麾下。尼基了解刘苏这样的年轻人在竞争激烈的商业世界，只有从事一份不断受到肯定的工作才会找到满足感。

没过几天，感性的刘苏碰到一个大难题。即使躲在自己的世界里默默修炼，也会遇上麻烦事儿。

★第4块方糖★

大智若愚之人好比一枚精雕细琢的良玉，假以时日必成大器。若雕琢数年大器晚成，有朝一日定会是一枚无价之宝。大愚若智之人只能是碗里煮开漂浮着的馄饨，皮薄馅少，肚里有多少分量一目了然，混沌度日，做一天和尚撞一天钟。

第5杯

没完没了的分录

当日,郁芳取现金4 800元用于员工费用报销,刘苏根据现金支票存根做记账凭证。

借:库存现金　　　　　　　　　　　　　　　　4 800

　贷:银行存款　　　　　　　　　　　　　　　　4 800

这个比较容易理解,左边口袋是"银行",右边口袋是"现金",从左边口袋里抓了一把糖放进右边口袋里。右边现金口袋的糖增加了,同时,左边银行口袋的糖就减少了,一借一贷。

这一现金活动,出纳得知道,会计也必须知道,做到"日结月清"才不会有误差。

梅来财务室报销门牌400元,行政经理已经签了字。刘苏根据复印纸的发票做记账凭证。

借:管理费用——办公费　　　　　　　　　　　　400

　贷:库存现金　　　　　　　　　　　　　　　　400

组织机构调整后,一些部门的门牌还没有换上,这事都由行政部张罗。这笔钱属于办公费用,计入管理费用,费用增加,在借方反映,用现金支付,记贷方。

凭证转到郁芳手里,这个快嘴婆婆突然叫起来:"不能给!我们陈经理和总监还没有签字，你就想浑水摸鱼啊！哈哈！"

梅噘着小嘴："哎呀，就通融一下啦，这钱急着要，供应商还坐在那儿等着收钱呢！"

郁芳不理睬："我这是对事不对人。刘苏，下回看到我们部门两大领导的签字，你才能入账，知道吗？否则就退给他们。幸亏我看了一下，否则，稀里糊涂就付掉了。这不合流程，懂吗？"

哦，原来这就是流程，即使在有资历的前辈面前也要学会说"不"！

她手边有一张郁芳刚从银行取回的 A 客户货款进账单 400 000 元，根据进账单做记账凭证。

借：银行存款　　　　　　　　　　　　　　　　　400 000
　　贷：应收账款——A 客户　　　　　　　　　　400 000

收到了银行存款，增加了，记在借方。A 客户购货欠款的时候，是应收款增加，记在借方，还款后减少了，记在贷方。

郁芳递过来一张转账支票的票根，收款人是 B 公司，金额为 300 000 元。根据转账支票存根记账。

这怎么做呢？

郁芳随即又递上申请单："这个忘记给你了，这和票根加在一起是一套原始凭证，付给 B 公司的材料款。"

王琳补充道："你最好查一查之前的凭证是如何挂账的，材料已入库，可能挂的是往来。"

她们提醒得不错。

借：应付账款——B 公司　　　　　　　　　　　　300 000
　　贷：银行存款　　　　　　　　　　　　　　　300 000

因为应付款是负债类科目，增加的时候加在贷方，减少后记在借方，说明欠债少了 300 000 元。

刘苏同学这么慢慢摸索着每一笔业务的操作，忙而不乱。但对于其他

第5杯 没完没了的分录

前辈而言，确实如一只奔跑的蜗牛，速度实在不敢恭维。

结账日，六只眼睛盯着刘苏录入系统、提交报告。

刘苏练习了几周，对 ERP 软件已经用得很熟了，敲敲键盘将数据录入到相应的框框中即可。结账日，记得会计老师说过有很多账务要处理。一紧张，头脑中一片空白。

李郁芳开始嚷嚷着要去幼儿园接闺女放学，不愿意加班，刘苏耳根子软，就答应了她帮忙开货款发票，顺势做了应收账款的处理。可这简单的开票挺磨人，打印机也不给力，依旧温吞水似的慢慢吐出发票。因为操作不熟，出错了还得在系统中做作废处理，打印动作做完还得将所有开好的发票按顺序归档，等待次日销售内勤签收。

结账日是财务人员最头疼的日子。因为前面所有工序积压到这一天，工作量会狂增，失去了往日的悠闲自得，每个人都在埋头工作，刘苏也不敢怠慢。萧翊今晚有约会，早早就做完了税金计提结转以及外汇核销，按时下班。李郁芳简单交代了几句开票要领便匆匆离去。

刘苏小心谨慎地凝望着电脑屏幕，不敢出一点差错。章钰很不耐烦地催促她动作快点，她要赶在明天开董事会之前将季度报告做完。她的理念是工作要又快又好地完成，实在想不明白自己用两个钟头就能完成的工作为何这个看起来不笨的丫头要花上一整天。她自然是忘了现在两小时就能迅速完成的工作当年做一天也做不完只会哭鼻子的情景。刘苏没有理会这只八爪鱼的牢骚，依然一丝不苟地操作，并在系统中阅读帮助文献寻找答案。课上老师可没教过，尼基有时候会问她要一些账龄分析报告，她也是从系统帮助和天涯上找到的答案。求人不如求己！新人问题太多也会给别人造成麻烦，听听要领，自己搜一搜细节流程即可。尼基毕竟做到高管，他的要求提出来就比较抽象，刘苏得绕好几道弯才能领会精神，什么样的表格对应什么样的要求。想看销售部每个员工的销售业绩，就得按照部门分析每个销售卖出产品的效益；想看采购部送来的供应商催账单，就得看看卖家的账期有没有到，其他供应商货到付款的货品还有多久必须付清。

王琳结转完成本费用，大功告成。正准备拎包走人，看看刘苏吃力的样子，好心指点她在系统中找到与每一笔银行现金借方相应的发票，也就是收到的钱和之前开发票的钱一一核销，自然就能结账了。最后将应收应付款账龄分别打印出来，次日分别交给销售部和采购部用于催账和清款，她的工作就完成了。

刘苏脸皮薄，见大家都在忙没好意思问，只能在章钰咄咄逼人的目光下硬着头皮找机器帮忙，早知道就早点问人了，看来实践的力量无穷大啊，一回生二回熟。

熬啊熬，等到所有工作都做完，一看表，时针指向十二点。此刻，石英表的指针转动声在午夜显得那般空灵而诡异。

财务部只剩一盏灯亮着，不用看也知道是那只八爪鱼。说再见的时候，那个女超人显然正专注于那份季度报表，头也没抬，只是轻轻应了一声，还算礼貌。刘苏突然很心疼这个女人，没听到她的咆哮，反倒有些不习惯，刘苏偷笑自己犯贱，揉揉生疼的糨糊脑袋，行尸走肉般地离开了公司。

次日，章钰很不满意刘苏的工作，向尼基告了状，一一指责她的错误：不是发票打歪了，审核不通过，就是速度太慢，害她到凌晨两点才做完报告。

尼基感受到了章钰的压力，笑眯眯地叫她给新人一点时间适应高强度的工作。

刘苏有些沮丧，学校里教的那些小伎俩几乎都用尽了，她也没办法像八爪鱼那样拼命，怎么才能熬过每个月的结账日呢，这是个让她头疼的问题。她如果不快速完成，就会拖后腿。

尼基的职位太高了，没法教她怎么去学习实务操作，以他对刘苏的认识，这一点只需要再多一些时间就可以。目前最关键的是这个年轻女子似乎受到了一些打击，尼基先生不允许自己的下属露怯，对自己丧失信心。

健谈的尼基趁结账日之后的清闲时光，把刘苏叫进办公室。咖啡豆在咖啡壶中旋转、跳跃、融化。十分钟后，一杯浓香味的清咖啡就已经摆在了尼基的桌上。有些人对咖啡因的依赖就像对大麻或者香烟，尼基绝对是个咖啡因狂热者，这是他每天必喝的。

"刘苏，你是不是最近遇到了一些麻烦？可以和我谈谈吗？"尼基的笑容和这咖啡一样温润。

刘苏年轻的脸庞掩不住失落，她有些沮丧地说："不管我多努力，似乎总是不能赶上进度，目前将我的工作提速到前辈的水准，我有些应付不来。"

"章钰跟我说了这件事，但是我并不认为她在打小报告，也希望你能理解。相反，她其实可以激励你。有这样一个强大的前辈同仁，你很幸运。也许你并没有将她视为对手，可是在我看来你们俩都非常优秀。你得承认，目前你确实不如她，不仅是速度，还有知识面、全盘考虑、计划统筹等等。如果把眼前的困难用放大镜去观察，你一定会被吓死。章钰的能力真的很强，年龄、阅历、经验都比你强得多，你如何赶上甚至超越她？"尼基似乎想引导刘苏朝着积极的方向考虑。

刘苏考虑了一会儿："尼基，您说得对！我认为自己做得不够好，是相对于章钰而言。她对我来说，确实是个很强大的人。事实上，我并没有将她视为竞争对手，我们之间目前也没有什么可比性。唯一相似的一点就是，我们都属于有英文功底的财务人员，仅此而已。如果有一天，真的要一同竞争同一个岗位，目前的我肯定不敢想。我现在考虑的是，怎样才能跟上节拍。"

看来尼基没有看错人，之前的顾虑有些多余。尼基喝了一口咖啡，裹在嘴里回味了一下，咽下。

"你们中国人有句老话叫'心急吃不了热豆腐'。透露个小秘密：我每天洗澡之前，都习惯性地将刚放出来的凉水往身上冲。虽然只有十秒钟，但那种刺骨的冲击力还是让我这把年纪的人感到神经性疼痛，为什么要让自己痛，就是为了让自己适应不同的水温。我女儿问我，这样不会生病吗？我说，这样做就是为了不生病，你现在还小，等你长大了可以试试。外力对于身体或者心灵的刺激，往往会让人胆怯，我很高兴你并没有把章钰当做仇敌或者惧怕的对象。做一个内心强大的人，宽容、谦让，明白你真正需要什么，才能懂得如何去追求。目前，你还是个在门外徘徊的人，对未来充满希望，把你眼前看到的困难切割成若干个小方块，意志坚定地朝着你的事业目标走下去，不受外界影响，保持你的那份理性智慧。我相信你可以克服目前的难关。"尼基真像个哲学家。

刘苏惊叹于凉水冲澡的想法，不过她自然不会去尝试。

"尼基，我现在最大的困惑除了业务不熟之外，还有个麻烦。我发现我在学校里学的东西都耗尽了，工作分散了大部分的精力，我应该用有限的时间和精力去补充点什么呢？"刘苏对尼基敞开心扉。

尼基笑笑，品了品他的最爱，咖啡的香气弥漫在整个房间。

"闻到这味道没？你想来一杯吗？"尼基好像有些偏题。

刘苏摇摇头，她实在喝不惯这没糖没奶的焦炭水，宁愿冲包雀巢三合一，也不愿充小资喝杯清咖，白天跟打了鸡血似的，回到家整晚睡不着觉。

尼基一口喝完了他的咖啡。

"其实你不必什么都懂，但你必须在某一方面懂得比别人多，要想成为专家，你需要多花一点时间钻研。就好比这杯咖啡，不是所有人都会种咖啡豆，不是所有人都会煮咖啡，不是所有人都懂得销售咖啡，不是所有人都了解咖啡文化。咖啡产业链是怎么形成的呢？万一巴西或者越南闹天灾，没有咖啡豆怎么办？生产多了，厂商就不怕没有销路吗？味道被模仿，代理商怎么去推广？90%的困难都是人们预想出来的，也许那个困难并不会发生在你经手的这一环节。比方说，你做财务，就不需要考虑公司生产出的东西是否能卖得出去。细说，你做往来，就不需要考虑费用是否超标，税金是否合理，只需要考虑销售货品的资金是否回笼，每一笔金额的发票是否准确入账。如果你被放大的困难压倒,那么就没有翻身的机会。必须把它踩在脚下,知道自己缺什么,对症下药地去弥补。把简单的事情做对一千遍,你就成功了。"尼基的演讲总是振奋人心。

刘苏明白他的意思,其实就是将手头的事情做好,尽量不要被外界干扰。等到目前的工作能得心应手的时候,再考虑拓展其他方面。

走出尼基的办公室,刘苏迈着轻快的步伐走到茶水间,往自己的杯中倒了一小袋雀巢。今天充满了战斗力!整个办公室都飘着咖啡的浓郁香气。

过了半晌,郁芳桌上的电话铃声响起,原来是一位不速之客。

★第5块方糖★

　　我们最大的财富是在经历了大大小小的困难,犯了深深浅浅的错误之后,终于明白自己依然会遇到很多困难,今后还会犯很多错误。成功不在于你得到了什么,而在于你历练了什么。不逃避,面对它!

第6杯

付款申请有绿色通道

"李小姐，请您务必帮忙催一下。"电话那头的声音显得急促而小心。尼基签字生效的资金安排计划这个时候已经失去了时效性，未付的款项拖得太久，不仅影响公司商誉，采购部也坚守不住了，只得把这个球又踢给财务部。

屁股还没捂热，郁芳拿着 W 机械厂的请款单，谨慎地问陈默："陈经理，这家供应商已经通过采购部催了很多次，请求支付货款。我查了一下，账期正好到了，这个应该怎么处理呢？"

"让他们等着。"陈默惜字如金。

咖啡没喝两口，电话又响了。

这回是 Q 软件公司的小王，帮古德公司做过 ERP（企业资源计划）系统上线。由于资金没有到位，很多模块没法立刻实施。

郁芳看了一眼章钰刚做好的资金预算，只批了 5 万，小王催促的购买新增固定资产模块的费用，暂时不能答应，需要请示。

陈默看到这份申请，倒是有些焦急："有人递交过这份申请吗？"

"没有。但是帮我们装系统的小王刚才打电话来问起这件事。"刘苏答道。

王琳提醒道："陈经理，这事似乎整个公司都很关注。听章钰说，尼

第6杯 付款申请有绿色通道

基向总经理保证所有账务会在下月底建成。如果按照这个进度，会不会耽误系统上线？"

"我刚才路过采购部，某人说财务部很不厚道，总是克扣申请单，不让付款。没人管这事，他们还不顺水推舟把责任全部推给我们？"郁芳这个大嘴巴又开始广播了。

在事态还没有发展到郁芳说的那样无奈之前，陈默火速给IT室的朝阳打了一个电话，让他补充一份申请单。然后径直走向总监室。

5分钟后，郁芳带着签好的汇款单去了银行。这笔软件维护费在10分钟内汇出。

刘苏感觉到很纳闷，手续和程序那么复杂的付款流程，为什么对于不同的费用，差别这么大。

原来，这是尼基特批的绿色通道，章钰专门为此设计出一份详细的付款单，将所有款项按照轻重缓急加星（表3）。

表3 付款申请单

古德公司付款申请单
供应商：××公司
付款描述：ERP系统软件维护费
付款金额：××××××元
对应发票号：NO. ×××××××
申请人：朝阳 ××××年××月××日 审核人：陈默 ××××年××月××日 批准人：尼基 ××××年××月××日
备注： 特急 = ★★★★★ 较急 = ★★★★ 普通 = ★★★ 不急 = ★★ 付款准备 = ★

长期以来，采购员和一些经常自掏腰包为公司办事的人常常吐苦水：许多货款因为得不到及时支付导致供应商不肯发货，整个申请流程作废。

也有很多急款因为股东会或者高层会议刚刚决议,但必须立即支付,比如这笔软件维护费,事关软件上线。如果要走流程,势必会耽误很多时间。于是,王琳向陈默提议,改善当时不合理的付款流程,开辟一条绿色通道。普通采购用普通申请单,注明账期和最晚付款日即可;急款可以走绿色通道,财务部得到最高领导口头认可后立刻执行付款,同时让经办人补全相应手续入账。

陈默对王琳的建议表示认可,交代章钰改善一下财务表格,因为之前的文档都是由她发出的。章钰也觉得这个法子不错,立刻写了一份请款公文以及绿色通道的使用范围,并做了一份完善的中英文流程单附在后面,详细到申请部门、申请日期、申请用途等,代替杂乱无章的发票请款、口头请款,做到有证可循。尼基打开邮箱,很满意章钰的细心和周道,并通过了这项提议。

虽然其他部门都对此颇有微词,觉得工作量又增加了。但是对于尼基的"APPROVE(批准)"还是很买账的,大家按部就班地各就各位,守着财务部的规矩办事,谁也不敢惹财神爷。对于金额超出一定数额的大额费用,尼基要求该项申请单必须得到总经理的签字。这场付款单风波平息后,没有供应商催款的日子真舒服,刘苏忙里偷闲喝了一口雀巢咖啡,感觉轻松了许多。

事实上,财务部付款流程的建立,对内对外都有益。尼基是个顾全大局的人,但也关注细节。流程单的设置,对内起到监督和控制的作用,也方便做付款计划;对外起到制约作用,根据付款计划支付不同的货款,即使供应商找上门催账,也可以以经办人未申请或者领导未批准等借口推脱,为公司争取一段资金流畅通的绝佳时机。

当然账龄账期也不容忽视,否则毁了公司的信誉,就没人敢供货了。

(1)通过账龄分析,可以知道有多少用户在账期内付款。

(2)通过账龄分析,可以知道有多少用户在账期后付款。

(3) 根据轻重缓急，让领导做一份付款计划。

刘苏在王琳的帮助下做了一份详细的应付账款账龄分析表（表4）。

表4 ××××年××月古德公司应付账款账龄分析表

××××年××月××日

Customer code 客户编号	vendor name 客户名称	total balance 余额	1～30 days 1～30天金额	31～60 days 31～60天金额	61～90 days 61～90天金额	91 days～1 year 91天～1年金额	>1 year 1年以上
01010001	A公司	10 000 000.00	6 573 704.96	3 426 295.04	0.00	0.00	0.00
01010002	B公司	15 000 000.00	10 000 000.00	3 187 458.55	1 812 541.45	0.00	0.00
01010003	C公司	28 500.00	0.00	0.00	0.00	0.00	28 500.00
01010004	D公司	98 000.00	0.00	0.00	98 000.00	0.00	0.00
01010005	E公司	70 000.00	0.00	40 000.00	30 000.00	0.00	0.00
01010006	F公司	855 000.00	211 500.00	0.00	643 500.00	0.00	0.00
01010007	G公司	45 000.00	4 300.00	40 700.00	0.00	0.00	0.00
01010008	H公司	40 000.00	0.00	40 000.00	0.00	0.00	0.00
01010009	I公司	485 500.00	0.00	95 000.00	390 500.00	0.00	0.00
01010010	J公司	7 000 000.00	1 000 000.00	6 000 000.00	0.00	0.00	0.00
01010011	K公司	2 500 000.00	500 000.00	1 000 000.00	1 000 000.00	0.00	0.00
01010012	L公司	257 500.00	0.00	257 500.00	0.00	0.00	0.00
01010013	M公司	800 000.00	0.00	0.00	0.00	0.00	800 000.00
01010014	N公司	2 700.00	0.00	2 700.00	0.00	0.00	0.00
—	共计	37 182 200.00	18 289 504.96	1 408 965 359	3 974 541.45	0.00	828 500.00

刘苏按照应付账款账龄分析的法子，依葫芦画瓢做出了应收账款账龄分析表。

这一次，大家都干得非常漂亮，也为今后系统再出故障做好未雨绸缪的准备，有了郁芳的EXCEL流水账，章钰的流程单和刘苏的账龄分析表，哪怕没有系统照样能出报表。尼基决定周末请大家好好吃一顿，是时候该慰劳大家了。

吃什么呢？这是本周财务部门热议的话题之一。

★第6块方糖★

站在上司的立场考虑问题,并且采取相应措施,适时地帮老板排忧解难,你还担心没有大餐吗?

第7杯

能解燃眉之急的银行贷款

驱车十几公里，大家对眼前的这座美若仙境的泰式餐厅赞叹不已，心声雀跃。

漂亮的舞者邀请尼基一起跳舞，同事们也跟着一起大玩舞动奇迹。年轻的乐手欢快地打着鼓，大家忘记了工作的烦恼，歌舞升平的画面就这样留在了每个人的记忆当中。

一顿饕餮大餐耗费了尼基四位数的人民币，大闸蟹和海鲜汤果然生猛！尼基大大方方递过信用卡。

餐厅服务生一脸歉意地还回卡，原来pos机坏了。

陈默立刻从钱夹中取出一叠现金递过去，老大就是有风范啊，很绅士。

尼基开了一句玩笑："这餐我买单，出来混是要还的！呵呵，回去还你。利息就免了吧！"

陈默反倒显得不好意思起来，会意地点点头，也不碍着面子谦让。在餐桌上有个潜规则，级别最高的人买单。

"出来混是要还的，这就是负债啊！原来老板也会欠债，呵呵！"郁芳依旧大大咧咧。

"老板也是人啊，也要吃饭，刷不了卡就只能借钱救场。今天，拿陈经理当了回提款机，呵呵。"尼基倒一点也不生气，眉开眼笑地自我解嘲。

这个尴尬的场面就这样一笑而过。

负债是指由于过去的交易或事项所引起的公司、企业的现有债务，这种债务需要企业在将来以转移资产或提供劳务加以清偿，从而引起未来经济利益的流出。公司生产经营活动的资金，除投资者投入以外，向银行或金融机构借入资金也是一个重要来源。另外，公司在生产经营活动中由于购买材料、商品等或接受其他单位劳务供应而结欠其他单位的款项，公司由于接受投资者投入资金而应付给投资者的利润，以及应交纳的税金、应付给职工的工资、福利费等，都属于公司的负债。

负债是企业必须承担的现时义务，现时义务是负债的一个基本特征。现时义务是指企业在现行条件下已承担的义务，未来发生的交易或者事项形成的义务，不属于现时义务，不应当确认为负债。

这里所指的义务可以是法定义务，也可以是推定义务。其中法定义务是指具有约束力的合同或者法律法规规定的义务，通常在法律意义上需要强制执行。例如，企业购买原材料形成应付账款，企业向银行贷入款项形成借款，企业按照税法规定应当交纳的税款等，均属于企业承担的法定义务，需要依法予以偿还。推定义务是指根据企业多年来的习惯做法、公开的承诺或者公开宣布的政策而导致企业将承担的责任，这些责任也使有关各方形成了企业将履行义务解脱责任的合理预期。例如，某企业多年来制定了一项销售政策，对于售出商品提供一定期限内的售后保修服务，预期将为售出商品提供的保修服务就属于推定义务，应当将其确认为一项负债。

董事会还没有批下拨款事宜，陈默只得加紧和银行之间的互动。这种向银行借贷的行为就可以视同负债。预期会导致经济利益流出企业是负债的一个本质特征。只有企业在履行义务时会导致经济利益流出企业的，才符合负债的定义，如果不会导致企业经济利益流出，就不符合负债的定义。

第7杯 能解燃眉之急的银行贷款

在履行现时义务清偿负债时,导致经济利益流出企业的形式多种多样,例如用现金偿还或以实物资产形式偿还,以提供劳务形式偿还,部分转移资产、部分提供劳务形式偿还,将负债转为资本,等等。但有一种情况,负债应当由企业过去的交易或者事项所形成。比方说,古德其实至少需要4千万元才能勉强还钱。但是根据账龄分析表,公司与采购之间是存在账期约定的,逾期2个月以上才需要考虑履行支付义务。也就是说,事实上他们只需要5百万就可以暂时躲过供应商的催债。至少在新的资本入注前,经济压力会减轻许多。即使后续还需要借入上亿款项,如签成2个月后借入3亿借款意向书,该交易就不属于过去的交易或者事项,不应形成企业的负债。

借多少,单从刘苏的这张表中还很难看出端倪。做好自己的工作,其他事情交由更高级别的人去处理,但是你必须明确上面的人需要的是什么资料。用尼基的话说,出来混是要还的。赶紧做功课!陈默需要她提供一些数据支持。

陈默约见了以前的老同学老K,老K目前在ABC银行担任信贷客户经理。

老K初次到访,刘苏引他进会议室,沏茶接待。陈默带着资料进来,刘苏很识趣地离开,贷款这样的大事自然轮不到一个新人插手。

茶还没碰一口,老K就向陈默开门见山表示了对古德公司的兴趣与担忧。

贷款申请人初次与ABC银行合作,银行也不是善主儿,他们通常会考虑颇多。银行企业化,放出去的钱若是收不回来就是一笔坏账,这和企业卖出去东西,收不回来货款是一个道理。收不回就等着哭吧!

ABC银行需要结合古德公司的历史授信记录,现有授信额度和敞口余额情况、业务品种、担保方式、授信期限,古德的关联企业在ABC银行的授信情况,担保单位与ABC银行有无合作历史、历史合作情况,目前在ABC银行的授信额度及敞口余额情况。

一个回合问下来，古德没有和 ABC 银行合作的历史，也无担保单位。这个情况对于古德来说很不利，显然已经处于下风。

"本次申报贷款的缘由是什么？"老 K 公事公办，丝毫不念及与陈默的多年同窗关系。

"临时增加资金需求用于生产。"陈默言简意赅。

陈默向老 K 了解了一下贷款利率、需明确结息方式和浮动方式、费率，以及担保方式和授信期限。

老 K 还需要了解古德的基本情况。

章钰是从公司建立之初就一直为古德服务的员工，她写了一份资料发给陈默。

陈默在会议室展示给老 K 看。

从公司名称、企业性质、注册地、成立时间、历史沿革、注册资本（实收资本）、股东结构及各股东之间的关系、法定代表人、实际控制人到主要股东、实际控股股东情况介绍（着重介绍对古德的生产经营、财务管理等重大决策及事项有较大影响的股东情况）。

老 K 认为这还不够，陈默拨通了章钰的手机，让她直接进会议室一起开会。

和经理平起平坐的感觉真不赖，章钰对着玻璃窗喜滋滋地整理了一下刚买的夏奈尔小西装，踩着高跟鞋神清气爽地敲开了会议室的门。尼基常说，一个成功的女人就是穿着漂亮衣服的男人，收起感性，像男人一样思考问题、洞悉一切。好吧，像个男人一样去战斗！好运，八爪！

"请谈谈古德公司的实际控制人，我的意思是法定代表人。比如学历、从业经历、管理经验和能力、个人品行、兴趣爱好、身体状况、家庭情况等。"老 K 简直可以去派出所当户籍警。

"总经理约翰，美国人，毕业于斯坦福大学，金牌销售员出身，是个业余国标舞选手，家庭美满，无子女。"章钰欣赏总经理这样阅历丰富的男人，可惜他已经有一位美丽的美籍华人太太，不然以她的姿色，绝对可以借工作之便近水楼台。听简说，有一回开董事会，一接到太太住院的电话，约翰立刻让尼基主持大局，当天便飞回美国，你完全不能把平日的咆哮男和传闻中的居家好男人联系到一块儿。

接着，老K了解了古德公司的经营范围，主要产品分属行业，近几年主营收入、主营业务利润、利润总额的变化情况。

这些，章钰都交出了让他满意的答卷。虽然里面有掺假的成分，老K心里很清楚，账面做得漂亮才能得到ABC银行的信任。贷款申请人若是势力庞大的公司，银行信贷员必定围着你绕圈；你若没钱，求人的可是企业。这点，千万别搞反了。

古德公司目前主要业务涉及环保建材产业，公司主营业务收入波动性较大。2010年公司实现主营业务收入10亿元，较去年同期增长40%。由于2009年受金融危机影响，较多在手订单未完成支付结算，所以2009年销售收入较2008年大幅下降。2010年下游企业逐渐从金融危机影响中走出，2009年暂停的订单排产，加上公司2010年新接业务的销售实现，2010年销售收入较2009年呈现大幅增长。

"可以谈谈成本构成情况吗？"老K老奸巨猾，利润表无懈可击，总要找点什么碴儿。

其实这是分析古德生产成本中主要原材料构成、主要原材料价格波动情况，以及企业成本控制和转嫁能力（表5）。

表5 企业成本构成一览表

序号	主要原材料名称	成本占比	市场价格波动情况及走势
1	建材	20%	震荡波动
2	配件	50%	上升
3	其他	30%	—

注：成本占比＝生产单位产品所需的某种原材料成本÷单位产品生产成本

近年公司主要原材料中，配件价格整体处于较大幅度上升趋势，主营项目建材的波动性较大，2008年处于高点，其后逐步下降，2010年又进入涨跌震荡区间。原材料价格波动对公司盈利产生了影响。

"K先生，请您放心。所有的数据都是有证可循的，和古德合作，会让您满意。我们的生产设备、产品完全符合国家的产业政策，环保达标，也得到了国家发改委相关部门的认可和支持。古德目前得到政府支持，环评批文都已经拿到，也在做一些立项工作，在拟建第二条生产线。您是专家，如果我们没有信心，怎么可能再烧钱做赔本的买卖呢？"章钰立刻抢夺话语主动权。

老K有些心动，仅从一些数据思考，目前的古德确实是家不断亏损的企业。但如今，国家政策的宏观调整，对于新型材料的环保项目都给予了大力支持。倘若自己也能跟进这个项目，高尚点说也算是为国家做贡献。不过，还是谨慎为妙，不能念及同窗之情和无私奉献就丢掉自己的饭碗，打着为人民服务旗帜骗钱的资本家比比皆是。

在了解了公司的现有产能及未来市场预测，通过对未来市场需求、供求关系、替代品等进行分析，判断古德前景之后，老K决定在此一搏。

他又旁敲侧击地打听到古德公司项目总投资、资金来源、建设周期、投产时间、项目进展情况、资本金到位比例、已投入资金、尚需投入资金、有无资金缺口等。不打无准备之仗是老K的人生信条。

只是对古德公司进行了一些例行的了解和侧面的调查，像老K这样的投资老手就基本上对其行业地位、核心竞争力或主要竞争优势有了自己的分析判断。按照公司现有的主要生产设备、生产工艺、产品技术情况，目前现有产能、产量情况来看，这是一项风险与机遇并存的投资项目。

老K故作矜持地保留意见，与陈默握手道别，答应会将资料带回去研究一下，一周后给答复。

陈默和章钰忐忑不安地走出会议室，送走了老K。尼基拍拍他们的肩膀,安慰道:"人之常情,慢慢来!"

一周后,老K再次来访。尼基主动要求参加这次谈判,这让老K无比荣幸。贷款的事情有了一些眉目,大家都在焦急地等待救命钱。否则,古德公司也难逃一死,只是金融风暴大潮中的一具残骸罢了。

公司岌岌可危的时候,大家都有些颓废。

★第7块方糖★

快乐时,你要想这快乐不是永恒的。痛苦时,你要想这痛苦也不是永恒的。据说,人75%的潜能是在绝望时才发挥出来的。

第 8 杯

老板眼中的绩效考核

欠债还钱,天经地义。一波未平一波又起,贷款的事情还没有谈妥,这回欠人钱的是更大的老板——总经理约翰。

生产依然没出效益,工人大规模闹起了罢工。工会主席像热锅上的蚂蚁,连克扣着工人奖金不放的约翰都感觉大事不妙,因此焦虑不安。

财务制度和人事制度必须联合再建,尼基与人事总监,以及生产总监达成共识,向总经理提议:花最少的钱提高工人积极性,改革绩效奖金。

老板对于少花钱却能提高生产效益这项提议很感兴趣。

尼基让王琳在做成本时,顺便做了一份关于废品率和废品价值的报告。工人罢工,完全是因为闹情绪,得不到应有的报酬。原本人事部已经发出通知,只要完成90%的生产指标,每个工人都可以得到150元报酬。很多人抱怨指标定得过高,一味赶量的结果导致废品率直线上升,工人们为了争取90%的生产率,偷工减料、瞒天过海。绩效奖已经由人事部计算出提交给财务部,但是尼基没有得到总经理的指示还没有让郁芳如数打进每个工人的工资账户。

经过一番商议,尼基结合王琳统计出的废品报告向总经理提议,在绩效奖金计算公式中加入废品这一项,有利于降低废品率,减少损耗,提高产成品质量。

对外公布，人均奖金将提至 200 元，废品价值从总奖金中扣除，大家拿到手里的奖金也和有效产出息息相关。

钱不能少，只能多，否则没有说服力让大家安心工作。原先想要达到 90% 生产指标就必须支付 150×150＝22 500 元，工人们自然不知道公式里头的奥妙，只觉得这个法子挺好。

改革后，大家都小心翼翼，因为损坏成品或者半成品就是撕掉自己口袋里的人民币。

假设第一个月废品 100 件，每件价值 50 元，即废品价值 5 000 元，生产率大大降低到 80%（表 6）。

表6　古德公司××××年10月绩效奖金计算表

部门 \ 项目	人数	产前绩效		产后绩效		
		人均奖金	废品价值	计划产出	实际产出	生产率
1 车间	50					
2 车间	50	200	5 000	25 000	20 000	80%
3 车间	50					
小计	150					
本月应付			20 000			

经办人：　　　　　审核人：

注：1. 总奖金／月＝（上月结余奖金＋总人数×200－报废总量×标准材料价格）＋（实际产量／计划产量）

　　2. 每月每人 100 元全勤奖（参照出勤报表）。

工人们尝到了甜头，第二个月，有效产出增加，报废情况还是没有得到改善（表7）。

虽然比原计划多花了 500 元，但是极大地鼓舞了士气，钱要花在刀刃上。发放完当月奖金，王琳又开始根据生产部门提交的数据统计新一期的废品率，计算废品价值，因为成本不断变动，标准价格也会发生相应改变。

好消息，生产率一直保持在 92% 左右，第三个月的废品率大大降低，

表7 古德公司××××年11月绩效奖金计算表

部门 \ 项目	人数	产前绩效		产后绩效		
		人均奖金	废品价值	计划产出	实际产出	生产率
1车间	50	200	5 000	25 000	23 000	92%
2车间	50					
3车间	50					
小计	150					
本月应付	23 000					

经办人：　　　　　　审核人：

注：1. 总奖金／月 =（上月结余奖金 + 总人数 ×200 − 报废总量 × 标准材料价格）+（实际产量／计划产量）

2. 每月每人100元全勤奖（参照出勤报表）。

工人们也可以得到更高的报酬（表8）。老板对着生产报告以及财务报告眉开眼笑，生产力决定着公司急速上升的资本。多花了10%的奖金，却把废品损耗价值降低了40%，生产率还高出了许多，值！客户满意，退货情况自然不会发生，货款一定会如约而至（以上数据仅供参考，只为说明绩效奖金为何物，需要考虑哪些参数）。

表8 古德公司××××年12月绩效奖金计算表

部门 \ 项目	人数	产前绩效		产后绩效		
		人均奖金	废品价值	计划产出	实际产出	生产率
1车间	50	200	3 000	25 000	23 000	92%
2车间	50					
3车间	50					
小计	150					
本月应付	24 840					

经办人：　　　　　　审核人：

注：1. 总奖金／月 =（上月结余奖金 + 总人数 ×200 − 报废总量 × 标准材料价格）+（实际产量／计划产量）

2. 每月每人100元全勤奖（参照出勤报表）。

第8杯 老板眼中的绩效考核

能回家过个好年,员工就心满意足了,罢工不再是古德公司最壮烈的民权运动了。

★ **第8块方糖** ★

马走日,象飞田,没有规矩的游戏总会造成兵荒马乱的局面。罢工风波平息后,王琳同尼基是如何说服老板付奖金的,而且付得越多越开心。这个秘密,你知道了吗?

第 9 杯

会说话的钞票

王琳将本月工资和奖金结转后打印凭证时,郁芳不小心看见每个部门的工资总额,心里顿时不平衡起来。进公司多年,薪水还比不上其他部门人均工资的一半。

快嘴李郁芳和行政部的梅抱怨着,来公司三年了,打头的数字永远是2,难道真的二过头了?梅也属于底层职员,公主心丫鬟命,心里在滴血,转身又向开发部的亮亮抱怨着。亮亮是新来的工程师,薪水起码是这两位公司元老的五倍。小伙子乐呵呵地让郁芳和刘苏帮忙报销差旅费。

一周前,亮亮出差前借款5 000元。刘苏根据亮亮提交的申请单做了记账凭证:

借:其他应收款——亮亮　　　　　　　　　　　　　5 000

　贷:库存现金　　　　　　　　　　　　　　　　　5 000

个人借款计入其他应收款,是借款增加了,计入借方,支付的现金减少了,计入贷方。

现在亮亮回来报销4 850元差旅费,应返还现金150元,清账。

借:库存现金　　　　　　　　　　　　　　　　　　150

　　管理费用——差旅费　　　　　　　　　　　　　4 850

　贷:其他应收款——亮亮　　　　　　　　　　　　5 000

这是一贷多借的例子,因为返现金,现金增加记借方,差旅费是管理费用,增加了记借方,个人欠款结算清了,把原来记在借方的账户用贷方清零。

刘苏只管做凭证,做对了就开始忙活别的了。

亮亮走后,郁芳就和梅窃窃私语起来:"那小伙子光是去趟上海,3天的差旅费就花了四千多,这可是15级以上员工的待遇,他一个新来的小工程师比我们高上四五个等级,太不公平啦!"

梅摇摇头,一言不发地离开财务室,她领到了活动备用金,回去待命。

财务人员需要有绝对的职业素养,"财务重地,请勿入内"的牌子通常会被挂在财务室门面上,告诫闲杂人等勿扰。秘密基地必定是个藏经阁,人事部送来的人事调令、员工工资明细等,销售部、采购部送来的合同正本复印件,生产部送来的产品统计表无一不和"机密"二字挂钩。操着卖白粉的心、赚着卖白菜的钱,这是所有财务人员的心声,多少带着点埋怨。

俗话有云:男怕入错行,女怕嫁错郎。现如今,谁说女子不如男?高科技、现代化进程减小了工种之间的工作差异化,男人能做到的,女人同样能做到。所以说,女人也怕入错行,抱憾终身。

出纳是一个财务面向公众的窗口,可谓是最忙碌的人。对内,采购、销售、生产部统统会来找茬,不是款项未付出,就是急着出货赶紧催着开增值税发票。对外,银行、税务,乃至外汇管理局、工商部门等政企单位都需要这个看起来不起眼的人去跑动,带回重要信息。郁芳,可以算得上是一个财务部的哨兵和侦察兵。不好好站岗,也不好好侦查,反倒泄露了我方的机密,军令当斩。

这事不巧传到了尼基耳中,还是灭绝师太托人传的话。人事部把工资条一发,很多员工都在私下传阅,互相交换着看,工资显然已经是公开的秘密。但是,机密源头出自本部门的人,着实该打。

陈默替郁芳解围:财务人员的工资确实处于中下水平,平日忙得风风火火，酬劳还赶不上一个工人，心里不平衡是很自然的。

除了泄露工资，郁芳还仗着自己的好人缘，偷偷把签署好的支票和现金托人送到付款申请人手中。这么一转手，很难保证钱会如数交由经办人。财务部有财务部的规定，钱一出，一概不负责任。郁芳果然是老油条，一错：没有要求当事人签字，就将有价票据和现金支出；二错：支票和现金没有直接交给当事人。

这件事发生了不止一两次，章钰之前提醒过郁芳。郁芳不以为然，还认为她在打小报告。

尼基开始重视这个小问题了，也算是给财务部来个整风运动吧。郁芳作为最活跃的积极分子，陈默想保护下属。但尼基要求陈经理向人事部发出一张关于郁芳泄露工资的口头警告处分单，从其当月工资里面扣除100元，杀鸡儆猴。

这是刘苏进公司以来，第一次看到尼基不怒而威的模样，比开口骂人的领导还吓人。

郁芳对于尼基的处罚建议心服口服，公平不公平不一定只在工资待遇上体现。

★ **第9块方糖** ★

老虎不发威，你当我是Hello Kitty（凯蒂猫）。你可以在公司八卦别人长了几颗蛀牙、买了几个假货包充门面，但工资属于绝密信息。玩笑可以开，是非不可以说，切忌祸从口出。

第 10 杯

智慧不折旧

自从无意间泄露工资事件发生之后,郁芳开始谨慎起来,说话也不像平日那般口无遮拦。这算是件好事,可是没有了她的插科打诨,财务部倒显得格外冷清。

王琳把郁芳拉进茶水间,一边洗杯子,一边问她最近是不是遇到什么事情了。郁芳这才吐出苦水。

孩子一岁半,常常生病,原本乐观阳光的她也开始担忧起孩子的医药费。虽说公司可以承担一部分,但毕竟不是全部。孩子一天天大起来,但是自己依然一点长进都没有,心里还是很着急的。

显然,王琳是郁芳最信任的人,多劳多得是外企常见的加薪方式。

次日,郁芳在王琳的提议下主动向陈默建议固定资产的统计工作由自己来完成,陈默自然乐意自己的下属积极主动。尼基听说了这个消息,对郁芳的看法有了很大的改观。

郁芳对接到的新任务很兴奋,但是面对技术部送来的转固清单迷惑不已。

王琳解释道:"这个流程是由尼基提出的,因为固定资产是企业生产经营过程中的重要劳动资料。一般来说,使用年限在一年以上、单位价值较高且不用于出售的生产经营用的劳动资料就可以视为固定资产;否则,就属于低值易耗品。

固定资产的价值＝买价＋增值税＋进口关税＋运输费＋保险费＋包装费＋安装成本

尼基认为如果有小人买了一堆废物回来，也要让公司买单岂不是冤大头。所以他提议由相关部门跟踪这批价值不菲的设备，从采购到运输，再到最后的安装验收工作——追踪，设备验收后才能连同发票、采购订单递交财务部申请付款事宜，否则一律不许付款。"

郁芳暗想，这个老头子考虑得真细致。

刘苏也在一旁仔细听，她有些不解："这样一来，岂不是增加了相关部门的工作量？为什么不指定一个部门追踪呢？比如设立专员。"

王琳没有嘲笑刘苏稚嫩的想法，接着往下分析："我对这项政策的解读是：所有部门参与进来，相当于把若干个关系户绑定在一起，防止有人顺藤摸瓜，找到能拍板的人物浑水摸鱼。这毕竟是价值不菲的财物，把采购部、设备部、生产部、行政部统统绑在一块儿，这样对大家来说都公平。想要捞一笔，沾了油水的绝不仅仅是一个部门，大家都在观望，谁敢轻举妄动呢？一个不小心，就会有牢狱之灾。"

"尼基这一招应该叫'铁索连环'！"萧翊突然冒了出来。

郁芳听得一头雾水："刚弄明白固定资产是怎么回事，哪来的铁链？"

"或三十为一排，或五十为一排，首尾用铁索连环，上铺阔板，休言人可度，马亦可走矣。乘次而行，任他风浪潮水上下，复何惧哉？"刘苏背出《三国演义》里关于铁索连环的篇章，"是这个吗？"

萧翊挺佩服刘苏同学的记忆力，笑话郁芳OUT（落伍）了，这是桌游三国杀里的杀敌锦囊。

尼基的手段确实高明，自从上一回让采购部在购买原料时提交供应商价目比对表开始，公司的每一笔钱都逃不出他的手指缝。这一回对付的是油水也很足的设备部和行政部，这两个部门平日一般负责基建项目较多，手里进出的固定资产不在少数。销售部的收入总让人心痒痒，但是这两个部门的灰色收入也不容小觑。

世上没有绝对的公平，干得多拿得少的不止财务部，行政部的员工每日忙得像旋转的陀螺，设备部的工程师们日夜加班维护机器，倘若有贼心的想要在基建项目上挖出个大金矿不是不可能。但是你说人家拿了公司的东西放进了自己的口袋，你哪只眼睛看到了，哪只耳朵听到了？没凭没证，小心人家告你诽谤。尼基是个老江湖，各式油水里烫过的低调暴发户都见过，为了给公司驱除不良风气，保险起见还是用政策堵住源头为妙。

郁芳初步了解了固定资产的要领，很容易就学会了统计。

对于折旧，用一个最简单的例子说明问题。由于厂房是政府提供的，故无需考虑厂房折旧的概念。为了便于后面的知识点计算，在这里先假设古德只有四台大型生产设备在工作，使用年限均为 10 年（表 9）。

表 9　固定资产折旧额

设备 1	100 000
设备 2	200 000
设备 3	600 000
设备 4	300 000
固定资产总额	1 200 000

每年的折旧额：

$$120 万 \div 10 年 = 12 万 / 年$$

每年折旧费用的摊销及变化见表 10。

表 10　每年折旧费用的摊销及变化

购入时	第 1 年年末	第 2 年年末	第 3 年年末	……	第 9 年年末	第 10 年年末	第 11 年年末
账面价值	120 万	108 万	96 万		24 万	12 万	0
折旧费用	0	12 万	24 万		96 万	108 万	120 万

不同的要求会导致公司采用不同的折旧方法。在初审票据时，仔细查看送来的清单是否填满必要信息，例如仓库签收、领用部门签收、安装验收部门签章、提供的发票金额等。有一回，行政部的老贾差一点把一批可用的电机当做废品处理了，幸亏郁芳在审阅报废清单时核对了自己做的固定资产清单，同一型号的电机是去年刚刚采购的，价值不菲，因为生产部的计划有变，领用后一直没有安装使用，放在仓库被遗忘了，连转固手续都没有。仓库也为这批大家伙头疼，推到行政部身上，建议他们尽快处理这批暂时用不了的固定资产。老贾不知道是真糊涂还是装糊涂，借机联系到一个收废品的朋友想把这事快刀斩乱麻一并处理了。孰料，半路杀出个程咬金。事情暴露之后，公司管理层对此事很感冒，不希望再发生此类乌龙事件，本来想把老贾开除杀鸡儆猴，念在他也是公司的老员工，加上公司制度确实不完善才让他钻了空子，好在没有发生任何损失，对其从轻发落，扣了当月工资、口头警告。至于郁芳，尼基主动向总经理提议给她加了薪。每回郁芳找尼基签支票的时候，他总会笑容满面，并且对她说："Continue（继续）！"算是作为对她诚实和勤奋的褒奖。

虚荣告诉人们什么是荣誉，良心告诉人们什么是公正。经济发展给社会带来了丰厚的物质财富，也滋生了贪婪的念头，企业盈利并不能合理分配，如果缺少公平正义的共享机制，更多的群体会产生被剥夺感。没有绝对的公平，但有相对的聪明。

尼基在午休时间找郁芳谈心，他说："社会是不公平的，我们要做的是尽量减少不公平。我最崇敬的比尔·盖茨连续15年成为美国首富。他的财富多到够买十几架航天飞机，可他把大部分财产捐给慈善事业。我永远记得他的话：社会充满不公平现象。你先不要想去改造它，只能先适应它。我也希望你可以更加积极一些！你看，你已经比过去进步了许多，不是吗？"

以前，郁芳的聪明才智没有发挥到正处，她对明星八卦的分析能力足见其精湛的逻辑能力和洞察力。这一次的表现让她在老板面前出了回风头，心里美滋滋的。

此后，郁芳不再是听到下班铃第一个兴冲冲离开的人，工作做完了也不会在茶水间闲聊八卦，而是回到座位上认真研读公司关于固定资产的处理意见，尼基夸她是一匹黑马。郁芳笑称自己不是绝望的主妇，工作家庭两不误。世界上没有渡不过去的河，也许生活给了我们太多的苦难和挫折，家庭和工作往往难以两全。因为互相攀比而折磨自己，用痛苦挣扎取代快乐工作，不是自己和自己过不去吗？生活是自己创造的，保持乐观的心态，即使无法改变不公平的现状，至少你可以改变自己，让自己更加融入这个世界。如果你一直在努力改善自己的工作方式、学习思维，有一天你自然会发觉世界因你的改变而变得不一样了，这才是相对的聪明。有智慧的人运气总不会太糟糕，主动改变自己，是改变不公平的方法之一，并且很有效。求佛不如求己，开动聪明智慧的大脑，用双手努力创造明天，每个人都能取得成功。老贾因为不满公司对自己不公而差点误入歧途，自作聪明的表现实则愚昧至极。

郁芳真可谓天上人间走了一遭，刚经历了处罚事件，就立刻收到尼基的嘉奖，决定好好请大家吃一顿。

★第10块方糖★

人们感到不公平待遇时，常常会内心纠结，认为自己的付出和所得不成正比，焦躁不安的情绪导致工作不再积极主动，甚至出现逃避责任和混日子的心态。你需要做的是改变自己，调整得失心态，主动出击。

第 11 杯

预算管理的奥秘

来到公司附近的一家川菜馆,服务员很热情地递上菜单。

平时这事都是简一手操办的,这回是郁芳做东,依旧委托这个小妮子帮忙点餐。

简点了点人数:"8 人,50 元/人的标准,一共 400 元的预算就够了。"

尼基问:"没有其他的了?中国餐馆真便宜。"

章钰没等尼基把"Cheap"(便宜)的爆破尾音发完就开始抢答:"50元的标准够咱们女孩子吃,在座的几位男士怎么办呀?做预算我在行,让我来!"

章钰女士一点也不含糊,不仅脑子转得快,嘴巴也利索,伶牙俐齿地教育简:"当尼基的助理这么久还不懂财务!"

简作为助理,她的工作更多是需要上传下达地沟通,了解部门内部每日发生了什么事情以及整个部门的运作流程,这也是一笔宝贵的管理经验。总监助理虽然与高层接触比较多,但对于会计业务的日常处理确实可以算得上一窍不通。

尼基乐呵呵地笑而不语,让章钰讲讲预算,反正菜还没上,大家闲着也是闲着,不如聊点有意思的。

"预算就是一种计划,并且可以算得上是公司内控管理模式中范围最

第11杯 预算管理的奥秘

广的一门技术活儿，关系到的不仅仅是一两个部门而是整个组织机构，它可以用来帮助协调和控制给定时期内资源的获得、配置和使用。比方说，把这顿晚餐视为一个工程项目，我们需要了解的绝不仅仅是每道菜的价格、参与饭局的人头数，还需要知道每个人的消耗量、手中的现金等，另外，可以预测到的是其他娱乐费用，例如餐后可能还有延展性的娱乐活动。凡事预则立不预则废，没有绝佳的预算，管理层就无法做出判断和决策。至于做预算的这个人必须懂得全盘的财务知识和经营理念。呵呵，很显然，这一点我还没有做得很出色。"财务部一向咄咄逼人的"冷面杀手"这回倒难得谦虚了一回，也许脱离了没有硝烟的战场，办公室以外的她有着不为人知的一面。章钰不愧是做了多年财务，从一出校门开始就在这个领域不断探索，从小小的出纳做到了会计，然后是管理会计，传闻此女花了两个月时间攻破了两门 CPA 考试科目，从此番精辟言论看来果然名不虚传，简直就是信手拈来。

尼基对章钰的独到见解很赞同，继续补充道："美国有个非常著名的管理学家叫戴维·奥利，他在全面预算管理研究领域颇有建树，这是一种能把组织的所有关键问题融合于一个体系之中的管理控制方法，引导和规范企业加强全面预算可以有效地进行管理中各环节的风险管控，促进全面预算管理在推动企业实现发展战略过程中发挥积极作用。而作为财务部，需要做的就是搜集这些信息，这些陈经理都在默默地进行，看看他是否能教你们两手。"

一向沉默寡言的财务经理难得露出了羞涩的表情，看了看尼基，得到的眼神肯定是在告诉他，这个信息可以对外披露。

经理的分析是全方位的，在章钰的基础上赋予了预算更深层次的意义。

"所谓全方位即全面预算，就是将预算体现在企业的一切经济活动中，包括经营、投资、财务等各项活动，以及企业的人、财、物各个方面，供、产、销各个环节。划分为经营预算（也称业务预算）、投资预算、筹资预算、财务预算几个部分，这几大预算形成了一个有机统一的预算体系。全面预算是企业内部管理控制的一项工具，可以有效控制企业风险、杜绝不必要的浪费，使及时经营状态与有限的资源相结合，最终与企业的发展目标保持动态平衡的管控过程。企业经营之初以及经营中都会订立一个期望实现的目标，并因此而制订不同的战略，假如背离这一目标，再美好的设计蓝图都只是纸上谈兵。通过实施全面预算，将宏伟的年度经营目标进行一一分解，落实到每一个小目标上去，比如这个月的生产目标、销售目标、利润目标，可以使企业的长期战略规划和年度具体行动方案紧密结合，这么一番折腾之后才能让理想照进现实。总体上说，全面预算就是以提高投入产出比为目的，运用一定的资金和高效的管理方法，将企业的资金流、业务流、人力流等资源进行有效整合，从而实现企业资源的优化配置，增强资源的价值创造能力，提高企业经济效益。换句话说，花最少的钱办最多的事。"

郁芳听着有点闷，忍不住插嘴："最后一句我听明白了。可是，我的皮包里面只有一千块，这里一共八人，加上酒水会不会不够呢？我也喜欢唱歌，可是只带了吃饭的钱，预算不够啊，怎么都没人提前通知我呢？真是措手不及啊，羞死了！"

大家笑得前仰后合，因为在专业技术研讨的过程中突然冒出了这么实际的一句大白话，着实让在场的专业人士们捧腹。不过，她说的是事实。

巧妇难为无米之炊，如果你身无分文，预算做得再精细，战略策划得再完美，依然会为五斗米折腰。

刘苏静静地听着，心里琢磨的却是另外一回事。一个公司建立之初，投资人日后都会担当着公司高层管理者的角色，甚至进入董事会做战略决策。假如预算是企业内控的有效手段之一，这种动态的预算表制作起来是个相当浩大的工程。总裁、副总裁不可能亲自过问今天请了多少个保安、花了多少钱、在不在预算表上。大三时，她和其他税法班、审计班一起上过一节关于预算的大课，马老师曾经讲过财务预算的部分。绑着长马尾辫儿的漂亮女老师用中英文讲着天书，印象最深的则是她漂亮的金色罗马鞋和那张看着让人头晕目眩的预算表（表11）。鞋子金光闪闪，映衬着年轻女老师白皙光滑的皮肤，那一根根金色绑绳和那张预算表罗列出的一长串预算指标一样让人眩目。

表11　2011年财务预算指标审核表

行号	预算指标	2011年预测	2012年		2013年预计	2014年预计	2015年预计
			上报数	主管部门审核数			
1	资产总额						
2	年末净资产						
3	清产核资确认损失						
4	应收账款余额						
5	在职职工人数						
6	应发工资总额						
7	工资性附加及社会保险						
8	年人均职工工资						
9	年度对外投资						
10	固定资产投资总额						
11	主营业务收入						
12	主营业务利润						
13	成本费用总额						
14	利润总额						
15	所得税						
16	净利润						
17	净资产收益率						
18	成本费用占主营业务收入比重						
19	经营业务收入						
20	经营业务利润						

按照课上学到的这个预算表来看,光是财务预算表的指标就已经有20多个,不同的单位有不同的要求,资金吃紧的公司甚至会有更为苛刻的内控指标。全员参与企业组织的各项经济活动的事前、事中和事后都必须纳入预算管理。上至董事长,下至负责买厕纸的阿姨,大家都得参与到全面预算当中来。好家伙,每天都围着预算表转,饭都不用吃,水也不用喝了。

尼基好像有读心术似的,一眼看出了这个刚入门不久的小家伙有一些困扰,就很有礼貌地插话了:"陈经理只是在做概述,等到公司出现经营危机的时候,你们会发现有些预算能发挥出相当大的作用。预算有很多个考核指标,要以投资中心、利润中心、成本中心、费用中心、收入中心为单位,同时本着相关性原则,根据实际情况制订具有可控性、可达到性和明晰性的考核指标。就比方说,这家饭店是否是性价比极高的供货商,或者提供服务的供应商,这就需要用到采购部提交的供应链管理中的供应商管理指标,到了财务部,这项指标可以转化为价格对比,就是上回我要求的指标,根据这一指标选择性价比高的供应商。还有,饭菜是否达到了一定的标准,有没有缺斤少两就不提了,那样追究起来,到半夜都吃不着半粒米,至少优于当地同水准的餐馆标准,就算在苛刻的预算之内,依然可以吃到美味大餐。"

无论是资金预算还是利润预算,多数人认为这就是财务的事。作为预算的组织者,财务部如何组织,如何开展,如何控制,如何考核?这不仅考验财务的功力,也考验公司的凝聚力,是否全民一心共同谋划。一般单位的预算流程图如图1所示。

"大餐董事会主席"尼基根据大家的兴趣决定:郁芳出资一千元,除了吃一顿大餐之外,大家好好地当一回饭后麦霸,不够的费用由他来出。但是大家都明白,这次饭局是由郁芳发起的,总不好意思再让老板自掏腰包,大家心领神会地互相看了看。

喝茶的工夫讨论过专业问题,大家的肚子都唱起了空城计。"大餐项

第11杯 预算管理的奥秘

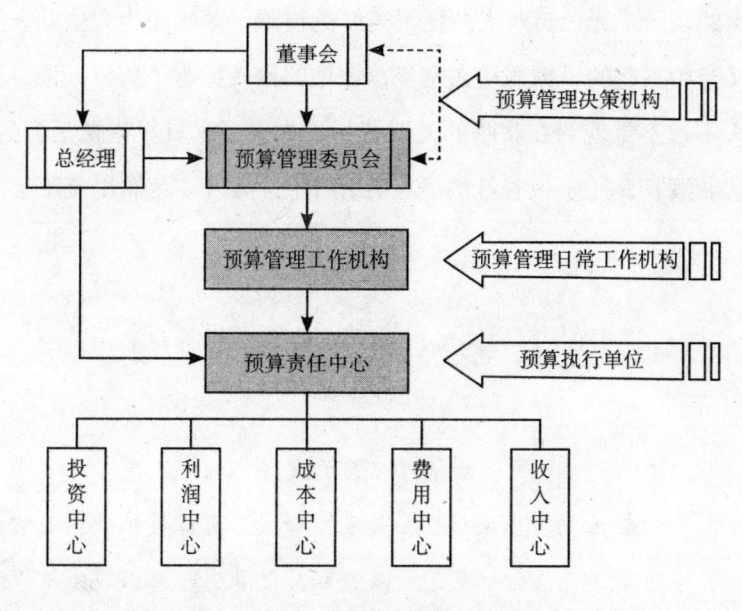

```
                    ┌─────────┐
                    │  董事会  │◄ ─ ─ ─ ──  ⇐ 预算管理决策机构
                    └────┬────┘         │
         ┌───────────┐   │              │
         │  总经理   │──►│ 预算管理委员会 │◄ ─ ┘
         └───────────┘   └──────┬───────┘
                                │
                         ┌──────▼────────┐
                         │ 预算管理工作机构│  ⇐ 预算管理日常工作机构
                         └──────┬────────┘
                                │
                         ┌──────▼──────┐
                         │  预算责任中心 │  ⇐ 预算执行单位
                         └──────┬──────┘
          ┌────────┬────────┬───┴────┬────────┐
       ┌──┴─┐  ┌──┴─┐  ┌──┴─┐  ┌──┴─┐  ┌──┴─┐
       │投资│  │利润│  │成本│  │费用│  │收入│
       │中心│  │中心│  │中心│  │中心│  │中心│
       └────┘  └────┘  └────┘  └────┘  └────┘
```

图1　预算流程图

注：该图用于说明预算的工作流程，仅供参考。各家单位的组织机构图分布不一，根据不同岗位的职责将工作人员巧妙地安插在不同的位置上。

目经理"陈默立刻授权预算责任中心负责人章钰做出详细预算。

成本中心负责人王琳按照每人50块的标准点了12道菜并保证桌上至少有每个人爱吃的两三道菜，利润中心的刘苏立刻反应出还剩人均50块的现金可以用做饭后消遣娱乐经费，三人的口头预算案提交至章钰。大家决定，一般经费用作餐费，另一半足够包2个钟头K歌，这倒是为大方的尼基省下了不少。尼基决议下一回带大家去打高尔夫。欢呼的时刻，漂亮的四川小姐已经将一盘盘热气腾腾的菜品端上桌，每一道菜都吸取了巴蜀文化的精髓，辣到让人欲罢不能，口齿留香后酣畅淋漓地喝下一大杯酸梅汁，筷子又忍不住伸向另一盆美食。

除了宫保鸡丁、水煮鱼、麻婆豆腐、串串虾、老干妈回锅肉、酸辣白菜之外，大家还得到了川菜馆老板赠送的两瓶红酒，意外的收获！谁让他们是熟客呢。

由此，一千元让这八人共度了美妙的夜晚，萧翊还为大伙儿表演了江湖上又开始兴起的机械舞和太空步，惊艳的舞技掀起了阵阵狂潮。只有简一个人不被察觉地躲在欢腾的人群背后，失去了平日里生龙活虎的活力，一手端着酒杯、一手抱着红酒瓶在五光十色的KTV包厢里流下了悲伤的眼泪。

★第11块方糖★

一个企业的财务困难可能是多方面的，有可能是缺少流动资金，有可能是无法控制费用、库存和应收款，一旦出现失衡，哪怕只是一瞬间都可能造成致命的后果。企业目标并不是乌托邦，具体量化前期规划的目标就可以将一个空壳建成一座漂亮的空中花园。看似微乎其微的预算工作其实可以真正降低内耗成本，提高运营效率。预算管理受到的最大阻力往往来自管理层，只要老板认同实现目标的战略，你走哪一条路他并不会过分操心，关键是要看结果。

第 12 杯

财务部有雷池

简刚毕业时,单纯得像块透明玻璃,让人一眼就能看穿。虽然是个外地女孩,但因为性格好,从不与人计较,朋友们都愿意亲近她。

简的工作是把所有资料翻译成英文向尼基汇报,包括中文报告。

财务部的"活宝"萧翊也一向讨人喜欢,部门聚会时还总被一些老妇女们乱点鸳鸯谱,把他和简绑定。但油嘴滑舌的他,三十而立却至今未婚。恐怕没有哪个姑娘愿意嫁一个不靠谱的男人,更何况做财务的男人一般都没钱。

公开场合,他俩总是装作不熟,私下却常常约会。这对地下情侣牵手一年多,萧翊还是老样子,油嘴滑舌、不思进取,整天把小聪明花在旁门左道上,并没有好好学习怎么做好税务筹划,如何为古德公司合理避税。

与预算一样,提起税务筹划,似乎天生就是财务的事情。然而没有系统的全面解决方案并不能做好筹划。实际上,税收问题在公司成立之前就开始了,一直伴随到公司清算。林林总总的税务法律法规和各种司法解释给财务筹划带来了巨大难度,有时不得不借助中介的力量。

萧翊认为财务并不能掌控因节税而起的公司战略,想再多也是老板说了算。财务分析哪有经营市场重要,老板只会把心思放在东西怎么卖出去赚钱,财务建议听多了只会贻误战机。更重要的是,以他那三脚猫的功夫,节税方案恐怕多少逃不过税务机关的法眼，别到时候赔了夫人又折兵。不如什么都不做，听陈默的，经理认为交多少合理就交多少，自己权当跑腿，多省事！

有时候，他看着陈默炒股赚了不少钱也会心动。人家是经理级别，工资是自己的四五倍，自己没本钱怎么办？他开始动起税金的歪脑筋。反正每次他要支票要得急，郁芳没来得及在支票上把公司名称写上，他就匆匆领走支票跑税务局去了。

可以先转到个人名下，等赚到了再还回去呗！在纳税期内缴纳即可。

小心，孩子，你踩到警戒线了！

他以为没人会知道。郁芳每个月核对银行账，左等右等，税金账户的银行账单总是姗姗来迟。她倒没当回事，干脆就一个季度核对一次吧，反正当月交易不多。萧翊暗地里开心，这可给了自己更加宽松的时间。

简一直都知道这件事，她心绪不宁，生怕哪一天萧翊会被人带走审讯。金钱于她而言，能养活自己就成，为什么萧翊那么财迷呢？难道是自己选错了人？

★ 第12块方糖 ★

铤而走险地越权是会计职场大忌，你该知道自己能做什么，不能做什么。

第13杯

小心红线绿线，防止暗箱操作

某日，刘苏和萧翊一同外出办事。在车上闲着也是闲着，刘苏干脆跳下车，与他一同踏入神圣严肃的国税局，一睹古德第一帅哥的工作风采。

萧翊的好人缘让工作效率提速不少，只需几枚漂亮的韩国糖果就搞定了一楼服务大厅里的美女们。

"看不出来呀，咱们的大帅哥可不是孔雀男！"刘苏不禁赞叹道。

"那是哥的实力！你看看那些乌压压排队的人，一看就是会计脸！"

"你怎么看出来的！"

"一根筋呀！这是会计的通病。不懂得变通的人在职场很难混，或者混得很辛苦。"

"对头，得像萧哥一样灵活才行！"

萧翊对着大厅内有反光的柱子理了理发型，潮范儿十足，继续给刘苏这个新人上起课来："其实，会计是对内的职务。但在职场，并没有对内对外之分。做会计同样需要公关！"

"啥？公关？你是说，会计也需要八面玲珑、左右逢源、巧舌如簧？"

"那是自然！你别小瞧了这些税务局的大盖帽儿，企业每年进贡的银两不在少数。纳税是逃不了的无期徒刑，只要公司开张就得上供。至于标准，你学过吧！"

"嗯,学过点皮毛。小规模纳税人的税率比较低,我记得没错的话,应该是3%。假如是一般纳税人,税率就是17%了。"

"底子不错,那你知道达到什么条件才是一般纳税人?"

这个难不倒刘苏,在入职前,她曾经参加过一次培训,并且顺利通过了会计资格考试,拿到了上岗证。

她很流利地回答:"一般纳税人需要符合两个基本条件:财务核算健全、收入达到一定标准。所谓健全的财务核算是指公司必须要有两名以上的专业财务人员,要按照规定设立总账、明细账,能准确核算增值税的进项、销项和应交税金,要按照税务机关要求建立相关的出入库手续,依法纳税申报,提交各项报表。而收入标准则主要分两块,工业不含税年收入要达到50万元,商业需要达到80万元。"

"很厉害啊!"

"呵呵,跟萧哥比起来,我还是一根筋的书呆子。"

刘苏妙语连珠,逗得萧翊乐开了花,不由得想多点拨点拨这个讨喜的丫头。

"对了,萧哥,既然小规模纳税人只需要交3%的税,为什么公司还要申请做一般纳税人呢?"

"小规模纳税人虽然交税少,但也有非常不便利的地方。比如说,不能开具增值税发票,对方不能抵扣的话,这笔生意就很可能谈崩了。如果需要开增值税发票,必须到税务局代开,非常麻烦。虽然税负较轻,但是国家的便宜你是占不了的。当公司收入达到你说的那个标准时,你不想申请一般纳税人也难,逃不过税务官的火眼金睛!"

看来萧翊也不完全是靠嘴巴吃饭的会计,瞧他同专管员打交道的专业范儿,刘苏肃然起敬。专管员是个白白净净的眼镜男,萧翊一改往日油腔滑调的模样,一本正经地和对方聊起来。

"萧大帅,好久不见呀!"

第13杯 小心红线绿线，防止暗箱操作

"一日不见如隔三秋，呵呵。今天是过来取纳税申报表的。"

"给！多拿几份。这是你带的徒弟？"眼镜男指指刘苏。

"哈，我没那种命，税务局还是得亲力亲为。这是我们部门新进的小美女，带她上来看看，没准以后你们也会打交道哟！"

刘苏很有礼貌地向眼镜男点头示意。心里却在犯嘀咕：记得一个做会计好多年的学姐曾经抱怨说，会计见了税务官就像老鼠见了猫，以后自己若是也跟税务打交道，真是累呀！

还没等刘苏臆想完，萧翊已经咨询完一些纳税事项，准备带着她离开。

走出国税大楼，俩人的肚子闹起了空城计。附近有家面馆，干脆在外面吃吧，否则这个时间回公司也只剩残羹冷食了。面馆地方不大，生意却好得很，老板娘也很热情。

点了两份四川名小吃担担面，热气腾腾的面汤火红火红的，吃一口面，就如同进了桑拿房。

"活着就是为了混口饭吃，咱得吃好了，才能卖力给资本家干活！"萧翊打趣道。

"这面真不错！"刘苏吃得酣畅淋漓，一点也没有装淑女。

"小刘真是个不错的丫头，吃东西爽快，性格也不赖，一点儿也不装，好养活！我若是年轻几岁，一定追你！"

又来了，死性不改啊！萧翊又恢复了本性，与在国税局办事的他判若两人。

"哈哈，听说萧哥名草有主啦？"刘苏也不是吃草的，兵来将挡水来土掩嘛。萧翊在古德的花边新闻堪比港台明星的小道消息，刚来不久的刘苏自然也听到不少这位气质不凡的男会计的花边新闻。他怎么就耐得住寂寞，能做上好几年会计呢？

"呵呵，看来公司耳目众多呀！"

"对了，萧哥，你是一毕业就当了会计吗？看你的行事作风，一点都

不像会计！"

"是呀，一毕业就做会计了。不像会计，那我像做啥的？"

"你没有会计脸！"

"会计脸？"

"嘿嘿，就是你刚才在大厅里说的'一根筋'！"

"哦，我当然不是做事死板、照搬教条的会计。你这么一提醒，我倒是真的在会计岗位上虚度了8年光阴啊！"

话说这个萧翊虽然品行待定，但其业务水平在古德还是有一定口碑的，而且还有点小聪明，平日靠炒股票赚点外快泡泡妞。

不幸的是，最近大盘跌惨了，萧翊慌了神，这么大的亏空怎么解决？他寝食难安，只得请假想想办法怎么把钱补上。只有他自己知道，炒股的原始资金是从哪里来的。

第13杯 小心红线绿线，防止暗箱操作

不久，税务局专管员打来电话提醒古德财务部，还有一天时间缴税金，否则就要交滞纳金了。

接电话的是陈默，他什么都知道了。支票一周前就已经被萧翊拿走，就算郁芳写错了字，也会被退回到古德的账上。很显然，萧帅哥动了手脚！原本缴税的支票，郁芳忙起来就来不及写收款人（收款人应该是古德公司全称，因为每个国税、地税对于各个单位都有一个特定的缴税账户），而这样的一张未完成支票恰恰就是个可钻的空子，也许萧翊是将公司的钱鬼使神差地倒腾进别的账户，最后转到自己的账户使用。可真是聪明一世、糊涂一时呀！

平时谁也没有察觉到这一点，所以不以为然。但是纸包不住火，终于东窗事发。陈默焦急地拨打萧翊的手机，无人接听。直到下班前几分钟，萧翊也没有回电话。陈默走进了尼基的办公室。

尼基知晓此事，大发雷霆，立即让人事部发了辞退信给萧翊，并且考虑报警。陈默知道外国人的处事风格，对事不对人，且法律意识很强。但共处多年，陈默知道萧翊本性不坏，所以想方设法劝尼基不要报案。最后达成一致：只要这小子主动回来认错并承担责任，这事就内部解决，毕竟家丑不可外扬。

人事部总监还纳闷：萧翊这个小伙子平日里的确油头滑脑，但至少挺招人喜欢，尼基这次是怎么了？陈默打电话给萧翊时，这个可怜的倒霉蛋儿不敢接，正忙着东拼西凑，加上爸妈留给他买婚房的钱，好不容易凑足一笔巨款想悄悄打入税金账户，神不知鬼不觉。原本以为这事能蒙混过关，但纸包不住火，而且萧翊惹的这把火点燃了从不轻易发火的尼基。

尼基无法容忍本部门的人做出这般偷鸡摸狗的事情来，看来古德容不下萧翊了。鉴于萧翊自首表现不错，且大笔税金都在纳税期内缴清，并未给公司带来实际损失，此事只有尼基、陈默和萧翊本人知道。

股市风险那么大，为何要拿自己的职业生涯开玩笑呢？一向乐观的尼

基也陷入了低潮：是自己管理员工不当，还是萧翊过于不羁不受管控？

★第13块方糖★

企业管理者最难把握的不是管理制度，而是人的思想。当一个人骨子里就透着虚荣，那他／她一定会想方设法在钢索上跳舞，为的就是得到对面楼顶上闪闪发光的财宝，却因为贪念忘了自己稍不留神就会摔得粉身碎骨。

第14杯

看似富足的公司为何濒临倒闭

萧翊也没脸在古德待下去了,第二日便灰溜溜地离开了公司。这时,老K驾车来访,为的是贷款的事情。这给原本消沉的财务部带来一丝宜人的清风,气终于能喘上来了。

老K第一次来访回去后就根据财务报表计算古德公司的流动比率、速动比率、资产负债率,发现这是一次可尝试的机会,并对古德公司这个朝阳行业日后的发展充满信心。他带来了一个好消息:贷款申请已经通过了ABC的省行的初审!

但古德的资金缺口太大,款项一天未到,公司都会濒临破产。银行审核贷款项目也需要时间,没准到了复审阶段又因为资料不完整或者其他未知的原因退回申请。银行贷款合同迟迟签发不下,双方都处于僵持状态,或是古德公司为了贷款利息在犹豫,或是银行在考证古德公司的还贷能力。

陈默约老K,由他邀请市行行长一同参加饭局,想借此疏通疏通。这可不是鸿门宴,古德财务部全体出席,重视程度可见一斑。财务部的几个女酒鬼——章钰、郁芳,还有简。除了王琳怀孕不能喝酒之外,所有女将统统上场征战银行那群所谓的"跑街的"。

做信贷,就跟做销售似的。别人卖出的是产品,他们卖出的是钱,钱滚钱、利滚利,整日替银行这个大债主马不停蹄地跑、肆无忌惮地喝。为什么这么卖力？因为这个庞大的利息金额除了能养活他们这群"跑街的隐形金领"，还足以支撑一座英雄大厦。世界500强的平安保险除了卖保险还设立了银行，这就是资本市场的诱惑。有了钱，什么玩不转？

银行是公司最大的供应商，不能离开银行而独自生存。资金要从银行而来，这不仅仅是个融资命题。银行天然是嫌贫爱富的，资金总是奔向富有的、大规模的、财团式的地方，以期那让人倍感温暖的回报率。

人家行长说了一番话就挺到位："企业需要在经营得好的时候向银行贷款，而不是需要资金了才想起银行。咱们都是好朋友，喝！"

第二日，仙女们是踩着七彩云飘进公司的。王琳替每人沏了一杯清香扑鼻的茉莉花茶。大家捧着杯子回忆前一天晚上发生的趣事，互相调侃起来。

简因为萧翊的事情借酒消愁，当晚频频"打的"拼酒，端着酒杯跑完全场，敬完每一位客人。转战KTV后还和行长拼洋酒，难道Johnny Walker（洋酒）加康师傅绿茶和冰块，掺在一块儿是水吗？

章钰也不清楚自己昨晚究竟喝了多少。据王琳回忆，三个女鬼干了三瓶干红，章钰的酒量险胜简。八爪回想起酒桌上另一巾帼——银行信贷部主任郭姐的话："章钰喝红酒真是浪费了，绝对应该喝白的，在家都用白酒漱口吧？"一席话就把全场气氛搞活了，大家哈哈直乐。其实她当时已经喝高了，但她没有跟郁芳一起叽里呱啦说酒话，也没有像简一样发呆，神情凛然的样子好像已经练就了千杯不醉的神功。

这种解酒的酶，怕是天生的。你能喝，你就是能喝；不能喝，就是不能喝。尼基那晚也端起酒杯敬对方，一句"我干掉，你随意"显得相当入乡随俗，这是从他的员工身上学到的。市行行长很开心，拍着胸脯答应跟踪贷款事宜，亲力亲为。

中国人几乎所有问题都能在饭桌上解决。一个月后，一亿贷款到账。采购部立刻听到了风声，火速申请了上百万购买原材料。尼基和陈默分析

第14杯 看似富足的公司为何濒临倒闭

了当时的财务状况，表示不宜一次性支出太多用于预付材料款，可与供应商协商货到付款，保证现金流顺畅。结果，生产部的头儿闹到了财务部，嚷嚷着如果不买进材料，整条生产线都会停下。这事是采购部在作祟！没办法，两面夹攻，总经理也特批了该款项，付吧！财务部最大的困惑在于自身无力左右资金格局。客观上说，财务无法对生产、销售等环节做到了然于胸，资金安排受各种要素影响。突发资金间歇性汹涌而至，让财务既无法悉数回绝，亦无力照单全收。面对此境，有人会问，财务为什么不做好资金预算和安排？做了又如何，做好又如何，生产或采购会理直气壮地告诉你，这钱必须得付。潜台词是：不付，自然有人会来找你。各路诸侯大显神通，矛盾逐渐归集到财务。财务是公司矛盾的焦点，这已不是办公室政治问题，而是财务的宿命。为什么是焦点？任何公司问题都可以归结为经济往来问题，再归结为资金问题，资金成为问题的症结，代替业务的实质性内核而成为问题的表象。何谓业务的实质性内核？简言之，就是为什么要发生这次业务？这次业务为什么要选择这家供应商？这次业务的额度为什么是这个数据？人们无从知晓这些内核，直奔资金这个主题，资金很简单，不是在财务那儿吗，找财务去吧。当所有矛头都指向财务，你只能当恶人，坚守阵地，除非老板点头，否则别想从指缝中溜走一分钱。

特批材料款之后，生产部门和采购部又陆陆续续催款支付其他车间所需易耗品及其他，再加上水电杂费、员工工资，刚进账的一个亿被吃掉十分之一。问题解决了吗？

仓库主管铁珊珊打来电话求助："车间一直不来领料，仓库已经没法再堆下那么多材料了。"

陈默核查了一下付款申请单，提醒尼基采购部必须得到生产部门物料计划专员的清单才可以购买原料投产，否则压了那么多货太占用资金。况且，这批货换了供应商，价格看起来有些不对劲。

尼基也意识到了这一点，想了个好办法：此后没有他签署的采购价目对比表，就没有资格申请购买。

采购部的专员急了：每一张都得签字，多费事呐？

尼基也很调皮："我们花那么多钱请专家做软件是干什么用的？你们只需要签署一次纸质文件，将材料价格输入电脑，以后购买同种产品就无需我的签字，直接从系统中打印出来即可。或者请小王设置一下价格控制，这样对大家都有约束，我也懒得一个一个给你们签字。我可不想当明星，哈哈！"

资金链断了，队伍散了，公司也就走上了绝路。再有钱，不知道该花在刀刃上，胡闹；人再多，不知道怎么组织人员，白搭。任何插科打诨的念想都逃不过老尼的火眼金睛。

> ★第14块方糖★
> 不要老叹息过去，它是不再回来的；要明智地改善现在。要以不忧不惧的坚决意志投入扑朔迷离的未来。
> ——朗费罗

第15杯

新资注入，否极泰来

资金危机终于解决了，新资注入，也意味着古德公司即将否极泰来，先苦后甜的果实会挂满枝头吗？

尼基放轻松了许多，开始炫耀起自己花了五十块买到的POLO短袖T恤。现在的A货和柜台正品简直分辨不出来，谁也不会想到一个年薪百万的老总会穿件假名牌，就如同比尔·盖茨戴着水货劳力士，也没人会质疑一样。

看一个人内心缺什么，就看他整日炫耀些什么。一个真正的绅士从来不会炫耀自己有多少辆豪车，交了多少个名模女友，去过多少个国家旅行。尼基从不炫耀这些，只是每次从国外旅行回来就给每个人带一份礼物，有时候是一瓶香水，有时候是一枚精致的钥匙扣，或者是欧洲巧克力。看他带回了什么，大家就能猜到八九分他的行程。

尼基是怎样保持阳光心态的呢？健康不仅是没有疾病，而且还包括躯体健康、心理健康、社会适应和道德健康四个方面。著名心理学家马斯洛曾说过，健康有以下三个标准：足够的自我安全感，生活理想符合实际，保持人际关系良好。为什么要调整心态？因为不良情绪对人的健康有巨大破坏作用。人类共有的恐惧有六个：怕贫穷、怕被批评、怕得病、怕失去爱、怕年老和怕死亡。前两个怕贫穷和怕被批评，经过自身努力可以改变；中间两个怕得病和怕失去爱，经过自身努力在一定程度上可以改变；后两个怕年老和怕死亡不可改变。所以力所能及则尽力，力不能及则由他去。我们如果能这样想，情绪就会变好，心态也就好了。这也就是尼基能一直保持阳光心态的原因。

不快乐的事情总是阴魂不散地追着我们。躲不过去怎么办？痛苦源于想得太多，人为什么总是那么杞人忧天？

怎么改变庸人自扰的状态呢？让刘苏来告诉你：

改变态度

改变心态等于改变未来。改变了态度就有了激情，有了激情就有了奋发向上的斗志，结果就会变化。心态影响人的能力，能力影响人的命运。养成一种习惯，发现生活的美好方面。生命的质量取决于你每天的心态，如果能保证当前心情好，你就能保证今天一天心情好，如果能保证每天心情好，你就会获得很好的生命质量，体验别人体验不到的美好生活。要学会欣赏每个瞬间，要热爱生命，相信未来一定会更美好。

活在当下

有个朋友经营着一间小服装店，闲暇之时还去健身房当兼职教练教肚皮舞和爵士舞。既能赚钱，又有益身心，羡煞旁人。可她有了新的困扰：难道要跳一辈子舞，开一辈子店吗？

她希望人生有一些改变，却无从入手，其他行业对她来说都是陌生的。

她喜欢小孩子，想做早教行业的指导老师，研究儿童心理学。可是没有教育局和工商局的认证，开办早教培训机构简直就是天方夜谭。

朋友建议她：为什么不在健身房开办一个暑期幼儿班呢？既能和自己喜欢的孩子们共处，又能顺势研究幼儿心理。倘若有一天教出天才少年，他们的出头之日就是她的辉煌之时，这么好的资源为何不运用？

她茅塞顿开，决心尝试运用熟门熟路的资源来完成自己的心愿。

梦想有时候遥不可及，大大小小的困难横竖挡在中间，你想过去却只能望而兴叹。难题太多了,问题一个接着一个,怎么才能跨得过去?

可不要忘记自己的才能,活在当下,对自己当前的现状满意,要相信每一个时刻发生在你身上的事情都是最好的,要相信自己的生命正以最好的方式展开。

学会感恩

西方有一个感恩节,大家在那天都会感谢别人对自己的帮助和贡献,学会优待身边的人。

学会知足

如果遇到倒霉的事情就想还有人比你更倒霉。当你抱怨买不到合适的鞋时,有人还没有脚呢!当你抱怨婚姻不幸时,还有一大群含着金汤匙、手持高学历本本的人领不到结婚证呢!当你恨铁不成钢,埋怨孩子总考不到一百分时,很多家庭正苦苦寻医,为的就是要一个孩子!珍惜眼前,学会知足,你会快乐许多!

学会取舍

忘记一二,记住八九。要学会忘记、谅解、宽容。你失去一个敌人,将会得到一个朋友。时刻提醒自己要塑造阳光心态。上帝为你关上一扇门,必定会为你开启一扇窗。

★ 第15块方糖 ★
上帝给谁的都不会太多,同样也不会太少。

第 16 杯

盘点诚信

萧翊来公司办理离职手续，离别宴上尼基关于诚信的一席话实则是说给萧翊听的。

他说："一个人最优秀的品质是善良。我很喜欢你们中国人常说的一句话'有容乃大，无欲则刚'。倘若每一个公司员工都能做到这一点，无所求地积极工作，那么你们一定会从内心一点一点强大起来！"

虽然没有明说，萧翊还是有些不好意思。在座的最开心的莫属简了。她再也不用担心地下恋情被曝光而必须有一个退出古德，也不用再替萧翊挪用公款的事情揪心。

这才是塞翁失马焉知非福，有时候坏事情也有好的一面！

好事成双，除了银行贷款发放下来了，股东也加大了力度继续投资，因为贷款是用公司的固定资产作为抵押申请的，用途受限制，只能支付与工程项目有关的费用，必须有其他资金做实事。自从蓝眼睛们来中国巡视一番并发现资源确实如报告所言紧急缺乏之后，新入股的资金确实让古德公司焕然一新，从修葺中的工厂大门就能看出端倪。咱有钱了！

工作照旧，工人们热火朝天地忙碌着，锅炉房的工人最辛苦。来料加工的货车呼呼地从行政楼开过，带着点风尘味——我的意思是，风尘仆仆的味道。轮胎在仓库门口留下深深浅浅的划痕，表明它走了很多路，也装载了很多货物，甚至有可能冒着超载被罚款的风险。

仓库主管铁珊珊是个不苟言笑的"铁扇公主"。在这个厉害角色面前，所有下属都不得使用空调，因为她的身体很糟糕。好吧，就当仓库必须保持一定温度了。送货的师傅像西部牛仔一样四处找熟人借火，聊着一路上的趣闻和车祸，沪宁线上拉一趟货至少两三千进账，抽的却是三五，很呛。这样的浪人一般都有一颗责任心，就像海员一样，一半时间在家、一半时间在外漂泊，赚来的钱除了包养小情人，大部分都交给了老婆。你负责养家，情人负责貌美如花，太太负责养娃，分工明确，无奈寂寥。

铁扇公主让手下的库工老Q上前清点原料，空隙时间和牛仔聊起废品处理的事情。尼基在报告中发现工厂损耗得厉害，而且厉害得过分，废掉的原料都快赶上使用在生产上的数量了，于是乎召集仓管和财务部共同商议后发现：原因出现在废品处理上。

一般来说，一间工厂无论大小，都有五脏俱全的结构，分布细致的流水操作线，大至重型机器、小至螺丝钉，林林总总。5S做得好的公司自然库位分明、地面干净，厂房宽敞明亮得如同羽毛球馆。浪费和非正常损耗时常发生，但扔掉一只有点旧但是依然可以使用的作业手套，抑或是下班时顺手带走了一颗金刚钻都逃不过铁扇的法眼（有句俗语叫"没有金刚钻，别揽瓷器活儿"。古德仓库里的金刚钻是车间钻机上的专门钻头，用这种工具能在钢材上钻孔，可不仅仅只能在瓷器上打个眼。据说这金刚钻个头不大、价值不菲）。

5S是现场管理法的简称，整理（SEIRI）、整顿（SEITON）、清扫（SEISO）、清洁（SEIKETSU）、素养（SHITSUKE），又被称为"五常CUP"或"五常法"。5S起源于日本，是指在生产现场中对人员、机器、材料、方法等生产要素进行有效的管理，是日本企业独特的管理办法。应用于制造业、服务业等能改善现场环境的质量和员工的思维方法，使企业有效地迈向全面质量管理，主要是针对制造业在生产现场，对材料、设备、人员等生产要素开展相应活动。

5S对于塑造企业的形象、降低成本、准时交货、安全生产、高度的标准化、创造令人心旷神怡的工作场所、现场改善等方面发挥了巨大作用，是日本产品品质得以迅猛提高、行销全球的成功之处。

铁扇公主虽然总是摆臭脸，但仓库盘点，人手不够，这位主管也会亲自加入盘点大军。

应外部审计和内控的需求，王琳发出了盘点通知的邮件。

盘点通知

各相关部门：

为加强财务管理，保障公司财产安全，经研究决定，财务部将于2011年1月1日全天进行存货盘点工作，盘点范围包括所有原材料、在制品及产成品。为保证盘点工作有序开展并顺利完成，现具体安排如下：

表12　盘点时间、财务复盘人员安排

存　货	库　位	盘点时间	仓管/统计	复盘人
原材料	SD材料	2011-01-01	老Q	王琳
	HD材料	2011-01-01	老Q	王琳 李郁芳
	其他材料	2011-01-01	老高	李郁芳
在制品	1车间	2011-01-01	老高	刘苏
	2车间		老高	
	3车间		老Q	
产成品	成品库	2011-01-01	铁珊珊	章钰

准备工作：

①仓储与采购、生产做好收领料的沟通工作，材料出入库工作截至2010年12月31日17:00，材料账将于2010年12月31日17:00结账。

②各车间务必将元旦期间（2011年1月1日～2011年1月3日）生产所需物料于2010年12月31日17:00前领出，所领料归入2011年1月产出用料。

③仓库、各车间相关单据及时登记处理；各车间统计责任人于2010年12月31日17:00前将半成品及成品数据报财务；2011年1月1日8:30正式开始原材料、在制品、产成品的复盘工作。

④"在制品盘点表"格式同每月末的"在制品清单"。

⑤盘点结束后，盘点人员于盘点表后签字确认。

⑥在复盘过程中如若发现账实不符，由复盘人于盘点表中进行备注，待盘点工作结束后由相关责任人查明原因并报财务部。

⑦在盘点期间，所有库存物料不得流动。

请相关部门配合，以确保按时保质完成此次盘点工作。

财务部
2010年12月20日

本通知发送：生产部、各车间、仓库、采购部

其实企业管理，特别是生产型企业，管理对象不外乎人财物，通常管人、管财都受到应有的重视。但是管物却无人问津。要知道企业的物都是货币的转化形态，或者说就是物化的钱。财务如果不管仓库，就等于放弃了大部分的财务权利，整天围着现金打转而已。其实实物会消化你的现金。没有盘点的仓库，实物一定和金钱一样也会偷偷溜走。

盘点是由公司财务部门发起，财务经理主持，各单位负责人配合组织，全员集中参与，通常在月末进行的一次性核查企业实物的短期突击工作。

抱着不同的心态去盘点，结果会截然不同，把盘点当做"体检"，通过盘点发现数字背后的机遇与风险。

企业运营中存在各种损耗，有些损耗可以看见和控制，有些损耗难以统计，如偷窃、账面错误等，需要通过盘点得知盈亏状况。

盘点是为了保证企业账实相符，也是为了下一步物控、生产安排计划做准备，而对实物使用人进行监督检查。管理规范化的企业盘点必须每月进行，既要盘点产成品，也要盘点在制品，还要盘点原材料。除了固定资产盘点可半年或一年盘点一次之外，其余盘点必须每月进行。不按时盘点就会留下漏洞；不认真盘点就会发生亏空；盘点而无盘盈盘亏处理，盘点就会流于形式；对无法说明原因的盘亏，必须对责任人做出处罚，不处罚就无法堵塞贪污挪用的漏洞。

不盘不知道，一盘吓一跳。成品库居然丢失了一批价格不菲的产成品。是谁干的？这属于历史遗留性问题，在去年的审计报告中，也出现了这个状况，一年时间也没有追查出原因。尼基果断地决定加强管控，过去的事情不再追究。

★ 第16块方糖 ★

想掩耳盗铃？盘点揪出的那点事儿，你知我知；逃不出财务的火眼金睛。

第17杯

"善人"卖货，"恶人"算账

尼基教育员工的方式总是关起门来谈心，但是对外从不多言。由此得到"老狐狸"的美誉。在刘苏看来，这有点无冕之王的意味：猜不透、看不穿，言行举止极端狡猾，这才叫高人。没人敢公然挑衅，只敢背地里骂他不干正经事，让人累得跟狗似的，也不知道他要做什么。

王家卫拍《花样年华》的时候，享誉国际影坛的张曼玉和风流戏骨梁朝伟也不知道他葫芦里卖的什么药，一副黑墨镜遮住大半张脸，谁能猜得到他最后能把几十套旗袍做成电影的活招牌呢？同样的，你自然不知道作为高层的尼基想做什么，做财务的脑子不灵活怎么能根据死数据操控活人呢？世间瞬息万变，今天做同样数量的产品，兴许消耗的原料价值大大超过了预期，有可能就不赚钱，加上不断有工人闹事要求涨工资，你的肉被一块一块地割，什么时候才能长点膘呢？做些有营养的决定，比如，发现恶之花，掐掉。

萧翊事件之后，公司平静的外表下其实暗流涌动，拿了外人好处的开始找新东家，没偷着腥的吞吞口水等待风平浪静后再观望，无欲无求的照旧上班打字、下班打卡。

郁芳和梅的老毛病依旧，在茶水间开始闲聊。

"你说什么？采购部总监被调到香港分公司去了？"郁芳的眼珠在眼

眶里骨碌碌转着，仿佛想起了些什么。

"是啊！账目有些不清不楚，但没有确切的证据，很难说。采购部是油水最大的地方，常在河边走哪有不湿鞋。据说他接受了公司出国培训的机会，老板怕开掉他太便宜他，连培训费都不用赔了。所以干脆把他打发到香港去，离家那么远，后院起火，让他自动辞职。"当道听途说被描绘得有了人物、时间、地点、缘由等一系列因素，那么谁都会相信梅说的是事实。

"哇，这可是最好的惩罚，我也想去香港，我闺女嚷了很多次，要去迪斯尼和海洋公园。"郁芳心里只想着这个。

"新来的采购总监也不知道是个什么货色，好人坏人现在哪里分得清哟！"梅有些悲天悯人，采购部再好，也不会分她一杯羹；再坏，也不会对她区区一个行政部专员下黑手。

一周后，新任采购部总监到任。一只三十多岁的海龟，在新西兰工作过两年，因为妻子生孩子而回国。听起来，是个阅历丰富的男人。

海龟一到公司就显示出优越的外语才能，对于业务也应付自如，总经理很喜欢冲劲十足的员工。全体会议上，他总能用英文汇报完所有工作，这让其他部门老总尴尬不已。总经理一开心，要求今后所有的报告都用英文，这才能显示出咱们是美资企业。这样一来，底下就像爆米花的炉子噼里啪啦爆开了锅。

什么？要求车间的生产报告也用英文？一两千雇来的车间小领班不乐意了：A 到 Z 还数不全，这报告没法写！

海龟初来乍到果然不安分，民间传言四起，有人说他是靠裙带关系进来的，也有人说他在国外混不下去了才打道回府。

"为什么不考虑买期货！"海龟对于原材料采购总是买现货很不理解。

"期货市场风云莫测，现货供应商是古德多年的合作伙伴，价格有优势。"尼基语气很平静，他对这样的质疑不感到意外，当初他也向总经理

第17杯 "善人"卖货，"恶人"算账

提出过同样的问题。

恰好，海龟在会议上提出购买期货、节省采购成本的时候，期货市场比较安稳，总经理和颜悦色地跟尼基商量，不妨按照海龟的意思办。

但是这期货价格波动起伏太大，谁来计算呢？

海龟自告奋勇接下军令状。

第一批期货预购，海龟立刻电话陈默，要求他在当天付出百万采购预付款。这对于财务部来说，不合规矩。一来金额太大；二来财务部从来不接受口头承诺。

海龟的原因在于：过了今天，期货价格就会上涨。财务部负不起这个责任。

好家伙，真够强势！

尼基以大局为重，听到简通报的这一消息，点头默认，让陈默妥善安排，与海龟做好配合工作。

不巧，当日总经理不在公司，没有他的签章，支票和汇票都是无效的。仅有尼基的签名，这款还是付不出去。

海龟可不管，他没有大闹财务部，而是一声不吭给总经理发去一封邮件，暗示财务部不配合工作，导致原材料采购拖延，不仅影响到采购成本，还让生产遭到麻烦。

生产老总与尼基向来交往不多，自然也对尼基有些怨言。东西不买进，怎么生产？

这恼人的海龟，可真不是喝淡水长大的！

总经理私下与尼基谈心，达成共识：不管什么情况，哪怕天塌下来，期货采购不容拖延。

有了总经理的金牌令箭，海龟不动声色地戴上护身符。新官上任，这三把火第一个点燃的就是尼基统率的财务部。

按照海龟的意思，第一批期货款得尽快付出。总经理在邻近的城市开

会，尼基让梅安排车，让郁芳带着支票去总经理那边签字。十万火急，也不能让总经理屈驾回府，只得小的们舟车劳顿一番了。

王琳很细心，让郁芳把供应商名称、金额、用途填写好，总经理从来不签署空白支票。

来回花了三四个钟头，郁芳一脸疲惫地赶往银行。已过下班时点，死乞白赖地求客户经理帮忙打了招呼，这张支票才被接收。但是跨行支付至少得明日才到账，不知道中间是否还会出现遗漏的环节。别出差错就好！

大半个财务部忙得团团转，就为了这笔紧急付款。

供货方第二日才收到货款，期货价格上涨，要求古德公司付滞纳金才予以发货。

这笔账找谁算？

海龟理直气壮地找财务部买单。

生产总监的电话不断催促着，海龟干脆把手机递给陈默，让他解释材料还不进公司的缘由。

这一次，问题很棘手。滞纳金占采购款的 5% 左右，也是一笔不小的金额。成本没节省成，反倒做了冤大头。眼前这个海龟不屈不挠地把责任推得一干二净。

尼基有尼基的风范，不让陈默为难。以陈默的级别，很难对抗总监们的攻势。他让郁芳带着滞纳金申请单和支票，敲开了总经理办公室的门。

奇怪的是，总经理不仅眉开眼笑地签了字，还夸尼基顾全大局。

这是怎么回事？

千夫所指的财务部转运了？被生产部和采购部两面夹攻的困境就这么轻易地解决了？

善良的人和恶人的区别就是：善良的人有了权力，哪怕再小，也一定会去想办法帮助别人。而恶人，哪怕是有再小一点的权力，也要用来显示自己有了权力。

第17杯 "善人"卖货,"恶人"算账

尼基认为海龟的美好初衷是为了公司利益,这不假,他也表示赞同。但是公司有公司的SOP(标准制度流程)。如果为此破坏了规矩,一团乱麻只会让这种标准形同虚设。不妨由采购部和财务部达成共识,采购当天上午电话通知财务部准备好支票,待金额一确定就可以填写完整,立即去银行支付。谁也不耽误谁的时间,只有合作才能把事情在当日办完。尼基这样做的原因也是希望自己的部下不要因为别人的强行命令忙得团团转,每个人都有自己的工作职责,谁也没有必要围着谁转。没有效率,就只剩下互掐的战争。

外战结束后几日,内战悄然爆发,刘苏和章钰之间的关系也有了微妙的变化。销售部的老狐狸们专给财务部投烟幕弹,不清不楚的糊涂账怎么理?章钰把大部分工作推给了刘苏,因为她做往来账。对此,刘苏颇为不满。

复习一下大学课堂笔记吧,温故而知新,懂账理才能摸清来龙去脉。

某月涉及的销售业务账务处理:

月初,向A公司出售主产品一批,开出增值税专用发票一张,产品金额100 000元。

借:应收账款——A公司　　　　　　　　　　　117 000
　贷:主营业务收入　　　　　　　　　　　　　100 000
　　　应交税费——应交增值税(销项税)　　　 17 000

发货三天后,收到转账支票一张(说明A公司的信誉很好,按照合同约定的付款方式行事)。

借:银行存款　　　　　　　　　　　　　　　117 000
　贷:应收账款——A公司　　　　　　　　　　117 000

10日,收到供应商Q公司的材料预付款450 000元,增值税普通发票上的商品金额384 615.4元,税额65 384.6元。

借:预收账款——Q公司　　　　　　　　　　　450 000
　贷:主营业务收入　　　　　　　　　　　　384 615.4

　　　　应交税费——应交增值税（销项税）　　　　　　　65 384.6

　15 日，赊销给 C 公司商品一批，金额 800 000 元，税额 136 000 元，发票合计 936 000 元。

　　　借：应收账款——C 公司　　　　　　　　　　　　936 000
　　　　贷：主营业务收入　　　　　　　　　　　　　　　800 000
　　　　　　应交税费——应交增值税（销项税）　　　　　136 000

　17 日，向 M 公司外销一批产品，金额 360 000 元，开出的出口专用发票上的总金额是 307 692.3 元，税额是 52 307.7 元。M 公司开来一张不带息的期限为 3 个月的银行汇票，票面金额 360 000 元。

　　　借：应收票据——M 公司　　　　　　　　　　　　360 000
　　　　贷：主营业务收入　　　　　　　　　　　　　　307 692.3
　　　　　　应交税费——应交增值税（销项税）　　　　 52 307.7

★第 17 块方糖★

　　什么叫好人，谁又算是坏人，人生路程既漫长又遥远，少不了得罪过一些人，又伤害过一些人，同时，自己也摔跤、受伤，或是有些人觉得阁下成功，等于他的失败，因此怀恨在心。

　　　　　　　　　　　　　　　　　　　　　　　——亦舒

第18杯

财务人员的修养

尼基出差之前，召集财务部开了一次会。对于不断升级的部门纠纷，内部矛盾一天不解决都无法在内忧外患的处境中解决问题。如何一致对外，建立统一战线呢？老头在白板上画了一幅图（图2），边画边琢磨着该如何做好两边的沟通工作。和事佬这回他是当定了，否则必定至少有一人离开古德。这是他不希望看到的结果，也是最坏的结果。

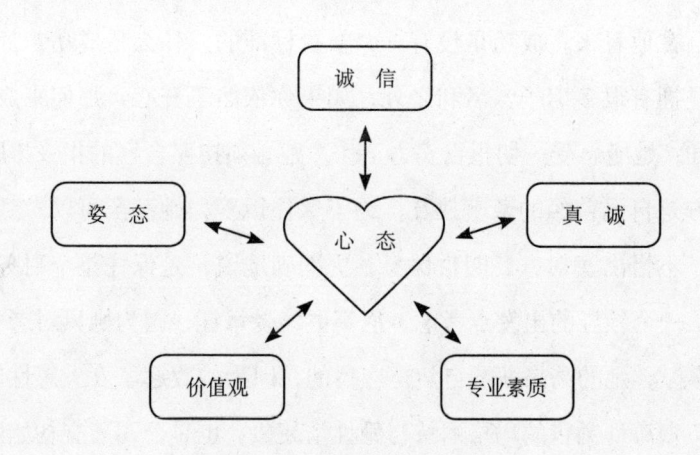

```
            诚 信
              ↕
  姿态 ←→  心态  ←→ 真诚
           ↙    ↘
       价值观   专业素质
```

图2　财务人员必备的六要素

章钰和刘苏之间的梁子算是结下了。尼基看在眼里，也十分清楚两员爱将水火不容。刘苏清高孤傲，凡事尽善尽美，待人平等，是个思维活跃的员工；章钰果断利落，除了办事常常为达目的不择手段、处处显示出咄咄逼人的气势外，是个很完美的部下。完全没有交集的两个人如何相处，就好比油和水怎能相容？

哲学看似虚无缥缈，但其道理涵盖世间万象。内部问题不解决，外部问题同样没法善后。犹如肠道运行不顺畅，体内的毒素无法按时排出，气色自然差、身体自然弱。如何疏通内部管道，让财务部流程更加顺畅呢？尼基打算在出差前化解这个看起来不算太大的矛盾。

对内，尼基打心眼里是喜欢刘苏的，因为她年轻气盛，单纯善良，遇见不公平的事情永远会站在客观公正的角度去判断，也从来不说人是非。但这样的人往往树敌太多，一个圈子里的人，不是好人就是坏人，不是男人就是女人。如果别人不喜欢你，而且不喜欢你的人越来越多，那么你就容易被挤出这个圈子。尼基担心刘苏成也性格、败也性格。最后的出局者会是她吗？

相较而言，他更加欣赏章钰。一个可以理智工作的女人必定拥有成功的潜质。在他看来，成功是没有一个衡量标准的。什么是成功？拥有很多钱，还是拥有很多房子？名利之外，如果你依然不开心，那何来成功？章钰不一样，她能忍受一切指责卖力工作。她必须按照自己的指令排除异己，哪怕对方是自己曾经的亲密战友，为了保住饭碗，她甚至可以做到与其针锋相对，不惜出卖对方，明哲保身。更准确地说，是保住整个财务部门的利益。从一个领导的出发点考虑，尼基更偏爱章钰，因为她只对老板忠诚，为公司奉献，她的高昂薪酬自然是应得的，因为她收起了女人感性的特质。销售部负责海外销售的玛格丽特与她性情相投，也是公司建立初始的元老，二人无话不说。为了区分应收款和预收款的事情，章钰二话不说，设计把她引入圈套，步步为营，打了个漂亮仗。外销部分的资金回笼状况非常好，账也理得很清楚，这给了销售部一记重拳。同为白羊座的玛格丽特心怀恨意,伺机报复,但是对着一目了然的账单只得捏着鼻子吃闷亏。在自动门前遇到,两人总会皮笑肉不笑地打招呼,互夸对方的鞋子和衣服很搭。擦肩而过之后,恐怕只是两颗卫生球作为对彼此的评价。章钰分得很清楚,不管曾经多么亲密无间,可以一起逛街买东西,下班一起回家,或者交换点隐私,但那都不算什么。公司里没有真正的朋友,也没有真正的敌人。这一点,八面玲珑的玛格丽特也十分清楚,所以她们并未撕破脸,就这么相安无事地和睦共处,只是每个人心里都长了根刺,对方看起来都没那么顺眼了。不打紧,能得到上司的赞许就是最大的胜利。为了给章钰一个奖励,尼基这次特地带她一同出国,向董事会报告,算是变相的奖励。

对外,他明白交代给刘苏的任务没那么简单,是一项工程浩大的技术活,需要一定的技巧。金融风暴来袭,退单不断,趁火打劫的人不少,客户多年前收到很多批货都没有按照合同履行支付预收货款的义务,日积月累,预收账款被渐渐忽视。账面上看,开了多少发票金额,就等于对方要付多少钱给古德。实则不然,把所有生效的合同翻出来一看,预收货款的金额很惊人,甚至很多合同的定金都不曾收到过就因为各种原因被终止了。销售部的老江湖们自然大打太极,把责任全推给财务部,指鹿为马地认为销售货款差不多都收齐了,即使没收齐也是账做错了,与他们无关。而章钰是个聪明人,古德公司预测到金融风暴来袭之前就已经将市场慢慢转移到了国内。内销的产品远远大于外销,上百家客户的账目看似清清楚楚,实则暗藏玄机。把这么重大的任务交给一个新人,是否太冒险了?刘苏很清楚,国内账目清理工作是章钰故意推脱给自己的。因为尼基选中刘苏时,正是看到履历表上丰富的社会实践经历,认为刘苏是个敢于尝试的人。一个胆小鬼注定是个失败的人,所以刘苏一直是个被看好的潜力股。这个节骨眼上,章钰一改往日犀利刻薄的作风,不断地在尼基和刘苏面前提这一茬,夸刘苏认真好学,学什么都很快,和各个部门关系都很融洽,不妨把国内销售清单的工作交给她练练手。一来警示刘苏:你只是凭着雕虫小技入门，这回看看你有没有真本事；二来提醒尼基：你选的新人到了该用的时候，我只负责海外部分，内销自然该交由她处理，多一事不如少一事。

尼基耳根子软，但也觉得章钰的用意在理，该给新人一个成长机会了。于是乎，这一烫手山芋就落到了可怜的刘苏手里，愿不愿意接已经由不得她，陈默负责跟踪进度及答疑解惑。

工作宣布完毕，各自散去。刘苏留了下来，她需要和老尼私下面谈。

五六年的糊涂账怎么才能理得清？

老尼的答案是：心态。

心态决定了你成败与否，它像一颗强健的心脏，发散出各种能量，包括诚信、真诚、专业素质、价值观、姿态，或许还有更多。

尼基认为，诚信代表的是忠诚，一个对公司有利的人必定誓死效忠，任何时候都会以公司利益为前提，绝不会逾越警戒线。刘苏在这一条上是满分。

真诚，一个新人往往会用满腔热忱报答来之不易的第一份工作。所以，老尼绝对相信刘苏的诚意，尽管她并不愿意接受，但只要接下，她必定会赴汤蹈火在所不辞。

专业素质，刘苏只能勉强及格，一年的工作经验显然不能独当一面。这一次任务重大，刘苏已经把手机铃声改成了龚琳娜的"神曲"《忐忑》。冰冻三尺非一日之寒，没个三五载的训练就想拔苗助长，不是小苗夭折，就是成长的土壤被破坏，其他嫩苗们无一幸免。

价值观决定了一个人看待事物的标准，思维拓展后会发现同一事物的多面性。比方说，这是个危险的任务，成功了就能炸掉碉堡，不成功只能做烈士。炮灰的价值对于老板来说，轻轻一弹，灰飞烟灭。换另一面看，这是个光荣的任务，即使失败了，勇于尝试的人总会令人刮目相看。勇者的价值对于老板来说，难能可贵，瑰宝一块。两个都是无价的，看你怎么判断自己的价值。老尼经过一年的观察发现，刘苏具备了有别于同龄人的特质，她不那么虚荣，或者说她的虚荣是隐性的，没那么明显。她的价值观就是活在当下，把每一天认认真真活好，把每件事认认真真做好。这一点，老尼相当满意。

姿态是一个人的处事方式之一。什么样的人表现出什么样的姿态，没有半点水平就敢趾高气扬的人终究是没有底气坚持到底的，而刘苏这样的初生牛犊必然会以低姿态、高能量向前冲。这是尼基能预测到的一点，所有新人屡试不爽。换做章钰，尼基则持保留态度，光是海外销售那一块都已经激起了不小的战争，更何况是大块的国内销售。还是留给新人去开荒吧！开好了，皆大欢喜，销售部自此也不敢小看刘苏；开不好，没人会责怪一头乳臭未干的小黄牛。

小黄牛干的第一件事就是在陈默的指导下重新整理六年来的所有销售合同（表13）。

表13 销售合同清单

Contract No. 合同号	Customer 客户	Signature Date 签约日	Delivery Date 交货期	Qty. 数量	Unit Price 单价	Contract Price (10,000) 合同价	Down Payment(10,000) 合同预收款20%	Paid (10,000) 已收款	Unpaid (10,000) 未收预收款	Status 合同状态
08001	A公司	2008-1-1	2008-1-31	1	50	50	10	10	0	关闭
08002	A公司	2008-1-11	2008-2-10	1	50	50	10	10	0	关闭
08003	A公司	2008-1-21	2008-2-20	2	50	100	20	20	0	关闭
08004	A公司	2008-1-31	2008-3-1	1	50	50	10	10	0	关闭
08007	A公司	2008-2-10	2008-3-11	1	50	50	10	10	0	关闭
08008	A公司	2008-2-20	2008-3-21	3	50	150	30	30	0	关闭
08009	A公司	2008-3-2	2008-4-1	1	50	50	10	10	0	关闭
08010	A公司	2008-3-12	2008-4-11	1	50	50	10	10	0	关闭
08011	B公司	2008-3-22	2008-4-21	5	50	250	50	25	25	未关闭
08014	B公司	2008-4-1	2008-5-1	1	50	50	10	10	0	关闭
08015	B公司	2008-4-11	2008-5-11	1	50	50	10	10	0	关闭
08016	C公司	2008-4-21	2008-5-21	4	50	200	40	20	20	未关闭
08017	C公司	2008-5-4	2008-6-3	1	50	50	10	0	0	取消
08018	C公司	2008-5-14	2008-6-13	1	50	50	10	0	0	取消
08019	C公司	2008-5-24	2008-6-23	1	50	50	10	0	0	取消
11001	Y公司	2011-2-16	2011-3-18	1	55	55	11	11	0	关闭
11002	Y公司	2011-2-26	2011-3-28	5	55	275	55	55	0	关闭
11003	Y公司	2011-3-8	2011-4-7	1	55	55	11	11	0	关闭
11004	Y公司	2011-3-18	2011-4-17	1	55	55	11	11	0	关闭
11005	Z公司	2011-3-28	2011-4-27	4	55	220	44	0	0	取消
11006	Z公司	2011-4-7	2011-5-7	1	55	55	11	0	0	取消
11007	X公司	2011-4-17	2011-5-17	1	55	55	11	6	5	未关闭
11008	X公司	2011-4-27	2011-5-27	1	55	55	11	0	0	取消
11009	X公司	2011-5-7	2011-6-6	1	55	55	11	0	0	取消
共计						100000	20000	3000	17000	----

2011-5-31

注：数据为虚构的。

截至2011年5月31日，账面应收账款余额为500万，事实上不止这些，这只是看上去很美的数字。根据六年来的销售合同清单可知,合同约定的预收款只收到1/7左右。1.7亿预收款未收到,拿已经收到的应收账款抵充后分析,依然有1个亿左右的货款不知所踪。

这个重大发现让刘苏胆战心惊,是自己数错了零,还是分析方法有误?170 000 000,个、十、百、千、万……一亿七千万,没错!账面显示,银行账户收到的六年应收货款总数为6千万左右,抵充掉之后,还有一个亿不翼而飞。这是销售部埋下的雷,还是财务部的失职?不解。

原本忐忑的心更加七上八下,汇报,还是不报?这是个问题。再次查了下账面,并未找到这么大一笔坏账。

章钰是个非常优秀的工作伙伴,但并非善类。她自然知道教会徒弟饿死师父的道理,对于刘苏的求助,她选择了回避。刘苏找到王琳,如热锅上的蚂蚁。

★第18块方糖★

《弟子规》给予员工的教育意义在于:情同手足,心静自然凉,不争不抢,和谐共事才能让大环境舒心。

第19杯

坏账？坏蛋？

王琳先给刘苏讲了坏账准备的原理："坏账准备的计提方法主要有三种：应收账款余额百分比法、账龄分析法和销货百分比法。应收账款余额百分比法就是按应收账款余额的一定比例计算提取坏账准备金。"

"计提比例是由每个公司制订的吗？"刘苏记得这个坏账率不是一成不变的。

"没错，由于每家公司都不能预测到应收账款是否能及时收回，所以就风险程度而论，每家公司制订的比例也不尽相同。企业每期坏账准备数额的估计要求应合理适中，估计过高会造成期间成本人为升高，估计过低则造成坏账准备不足以抵减实际发生的坏账，起不到坏账准备金的应有作用。"王琳接着举了个实际例子，"假设，古德公司采用应收账款余额百分比法计提坏账准备，2009 年年末应收账款的余额为 200 000 元，坏账率为 5%，2010 年发生了坏账损失 5 000 元，当年年末应收账款的余额为 30 000 元。那么，古德公司 2009 年年末应计提的坏账准备为：

$$200\ 000 \times 5\% = 10\ 000\ 元$$

借记管理费用 10 000，贷记坏账准备 10 000。"

"怎么计算 2010 年的呢？"刘苏很焦急。

"别急！2010 年古德公司发生了坏账损失 5 000 元。借记坏账准备

5 000，贷记应收账款 5 000。2010 年年末古德公司的坏账准备余额应为：

$$300\,000 \times 5\% = 15\,000 \text{ 元}$$

应计提的坏账准备为：

$$15\,000 - (10\,000 - 5\,000) = 10\,000 \text{ 元}$$

借记管理费用 10 000，贷记坏账准备 10 000。由此可以得出，2010 年年末坏账准备科目余额为：

$$10\,000 - 5\,000 + 10\,000 = 15\,000 \text{ 元}$$

即会计期末应收账款的余额乘以估计坏账率。

账龄分析法的账龄是指负债人所欠账款的时间。账龄越长，发生坏账损失的可能性就越大。账龄分析法是指根据应收账款的时间长短来估计坏账损失的一种方法。采用账龄分析法时，将不同账龄的应收账款进行分组，并根据前期坏账实际发生的有关资料，确定各账龄组的估计坏账损失百分比，再将各账龄组的应收账款金额乘以对应的估计坏账损失百分比数，计算出各组的估计坏账损失额之和，即为当期的坏账损失预计金额。

赊销百分比法又称'销货百分比法'，是企业根据当期赊销金额的一定百分比估计坏账的方法。一般认为，企业当期赊销业务越多，坏账的可能性越大。企业可以根据过去的经验和有关资料，估计坏账损失与赊销金额之间的比率，也可以用其他更合理的方法进行估计。

注意：以上三种坏账准备计算方法中余额百分比法和账龄分析法计算的都是当年年末坏账准备科目的余额，只有销货百分比法计算的是当期应计提的坏账准备数额，即在用前两种方法计算时需要考虑坏账准备的期初余额，而在用后一种方法计算时不用考虑坏账准备的期初余额。

计算计提的坏账准备和坏账准备科目余额时，先要注意题目中要求的计提坏账准备的方法、坏账准备的计提比例，判断是否需要考虑坏账准备科目余额后，按照题目的要求一步步地处理，通常在每年年末都需要将坏

第19杯 坏账？坏蛋？

账准备科目余额计算出，以便保证计算的直观性和准确性。

不管采用哪种方法，计算当期应计提坏账准备的基本公式都是：

当期应提取的坏账准备＝按照相应的方法计算坏账准备期末应有余额－坏账准备科目已有的贷方余额（或＋坏账准备科目已有借方余额）

计算出来当期应提取的坏账准备若为正数，表示应该补提的坏账准备金额；若为负数，则表示应该冲减的坏账准备金额。"

按照王琳的解释，坏账就是企业无法收回的应收账款，收回来的可能性兴许比买彩票中奖概率还小。一般来说，企业应收款符合以下几个条件，可视为坏账：

（1）债务人死亡，以其遗产清偿后仍然无法收回。

（2）债务人破产，以其破产财产清偿后仍然无法收回。

（3）债务人较长时期内未履行其偿还义务，并有足够的证据表明无法收回或收回的可能性很小（如债务单位已撤销、破产、资不抵债、现金流量严重不足、发生严重的自然灾害等导致停产而在短时间内无法偿付债务等）。

与古德发生交易的几大公司都处于产业链中上游，并且都是业内鼎鼎有名的垄断性企业。为何不还钱？

兴许有人正进行着暗箱操作。真是大坏蛋！

王琳用自己的方法提示刘苏，除了在账上找到了一部分坏账，还发现了应收款、预收款没有分开导致很多冲减不合理。账面显示的应收账款余额其实并非真实的欠款，加上合同清单上的预收款项，客户欠古德的钱还远远不止这些。

显然这已经不是小小的刘苏可以与之抗衡的违规事件，谁也不知道从什么时候开始混乱，也许从一开始就没有人发现。直到尼基开始重视这个惊人的发现，并且用自己的职权捍卫了公司的利益，销售部门长期以来积累的一笔糊涂账总算暂时被理清了。孰是孰非，没人敢再提起，谁也不敢翻旧账,那么就相安无事地继续工作吧。

★ 第19块方糖 ★

挑战越大,我们灵性的领悟和成长也越大。一旦开窍,任何事都变得简单起来。将困难这个大雪球分割成一个个小雪球,我们兴许还可以快乐地打起雪仗来。尼基说,放低姿态去尝试,否则必将失败。

第 20 杯

财务人员的职场禁言

稀里糊涂的简总是忘记帮尼基报销差旅费,总经理助理丹尼尔报销时,她才想起上回在总部开会时一不小心把餐费发票给弄丢了。

简很抱歉地解释。

尼基有些不开心,但也没有和简计较。

刘苏让简想办法替尼基找到一些价值相等的发票,请示陈默是否可以给予支付。陈默得知又是简干的好事,默许。

发票只是一件很小的事,但从细微处入手,凡事能替上级想到、办到,不让对方操半点心,你和领导之间的默契关系就悄然产生了。

置身职场,如何跟上司更有效地合作是自我职业管理的重要内容之一。

尼基从来不责怪员工犯错,只有圣人才不会犯错。他只讨厌听到下面几句话:

(1)"这与我无关!"

当公司或团队中发现一个问题,即使真的与你毫不相干,也千万别说"这与我无关"。决策性问题,肯定与老板有关。小问题,你肯定脱不了干系,此时应该尽量帮着出出主意,提出一个有建设性的意见,勇于表达自己,而不是不断找借口推脱责任。

(2)"以前也是这么办的!"

工作遇到瓶颈,找不到更好的解决办法?面对难以应付的工作,应该努力寻找突破的途径,帮助老板理清思路。三个臭皮匠赛过诸葛亮,老板欣赏的是创新和效率。

(3)"可以不加班吗?"

不可以!每个老板都巴不得用一份薪水雇5名员工。如果在加班的时候碰巧遇到老板折回来拿钥匙,那么你就等于中了乐透。如果你埋头苦干,老板却只在你闲下来聊QQ时路过你的办公桌,那么你就赶紧回家拜拜菩萨求平安吧!

(4)"为什么给她加薪,却不给我加?"

在如今的职场中,职位与工资并不挂钩。除了销售部,几乎没有一个职位可以直接体现你对公司的贡献和价值。"做出业绩"应摆在首位,"寻求位置"则应放在最后。对着老板紧追猛打,并不能体现你的价值。在适当的时候,比如老板正在兴头上,提出合理的要求才是明智之举。

(5)"这事我办不了。"

虽然领导不爱听,但在事态还没有发展到严重地步的时候,以新人的姿态示弱确实是可行的。但总是对领导说不,则是一种无能的表现。没有人是一座孤岛,务必了解公司各部门的负责人、其理念和做事方法以及你的团队与其他部门的关系。运用团队协作的力量办成一件事,老板会对你刮目相看。

(6)"我觉得……"

如果爱用这个惯用词开头,那么你会失去在领导心目中的印象分,多半会让人感觉你过于自我,考虑问题较为狭隘。

(7)"这事我不清楚!"

在职场,尤其在外企,千万别对你的老板说"不知道"三个字。哪怕事情未完成,你也要把半成品搬到他面前,以示自己的努力。对自己从事的事情保持沉默或言语不多,给老板的信号是"你并没有将满腔热情投入到工作中去"。

(8)"我不懂生产技术!"

在企业,你必须把自己当做一个多面手,各个领域都需要懂一些。保持强烈的求知欲,加强学习,向精通技艺的人讨教一定事半功倍。

还要注意的是,喜欢和员工互动的老板在会议即将结束时,爱用"还有什么问题吗"以表亲切,这时候你千万不要自作聪明地开始长篇大论式地阐述观点,只要对老板演讲中的一些小瑕疵提出一些建议即可。因为老板也是人,比我们任何人都要面子,当场反驳不仅让他下不了台,也会拖长会议时间,引起众怒。

★ 第 20 块方糖 ★

职场幸运星的秘诀就是:做一个善解人意的好下属。

第21杯

企业的利润从何而来

铁扇公主爱干净,原本杂乱的仓库被她管理得井然有序,自然得到了极力推崇5S的总经理约翰的夸赞。

最近有人爆料:生产部一次性从仓库领走200双安全鞋,事实上工人只有150人。难道车间有变异人或者蜈蚣吗?针对易耗品,尤其是劳保用品消耗过快的问题,尼基除了要求仓库必须保证易耗品数量在安全库存范围内,还在价格对比单的基础上对申请单提出了更高的要求:软件主管在供应链系统中的收货单上设置库存数,采购员必须打印出来,据此在账期内向财务部申请付款,避免易耗品堆积。

虽然仓库划分到财务部,尼基是铁珊珊的直属领导,但是她对尼基有所不满:大事小事都要管,总监又不是总务!

尼基挺逗:"眼不见为净,但是看到了浪费现象,一定得管!小家雀哪能斗得过老家贼?对车间里的小家伙们得对症下药、手到擒来。"

工厂的浪费不稀奇,工厂的水流干了都不心疼,工厂的饭打翻了再重添碗新的,工厂的微波炉提供24小时服务,工厂的开关上时刻插着手机充电器、电瓶车充电器……

总经理的咆哮声堪比红极一时的琼瑶剧男一号:"如果做不到Cost Down(降低成本),公司只能Shut Down(关门大吉)!"浪费太多,公司就无法赚钱。

最近流行一种"新成本主义"的说法：

$$利润 = 成本 - 浪费$$

从生产的角度出发，这一类浪费一共有七种：

(1) 生产过剩。

(2) 在现场等候的时间过长。

(3) 不必要的运输。

(4) 过度处理或不正确的处理。

(5) 存货过剩。

(6) 不必要的移动搬运。

(7) 产品瑕疵。

企业的利润从何而来？从减少浪费中来。成本是无辜的，真正导致利润下降的是浪费，比方你是一个月入3千的小白领，每月消费却高达4千，不仅没余留，还透支，扎扎实实当了"白领"（白领工资的人）。要有好的财务管理观点，以前美国人在这方面确实很自大，以为有技术就有了一切，殊不知现在是地球村，技术就像流动的水，会做USGAAP（美国通用会计准则）报表的也有黄皮肤黑眼睛的中国人。要想获得利润，就要在消除浪费上下工夫，而浪费并不是真正的成本；人们对浪费的麻木，导致的是无谓的消耗，而这一切都需要让消费者承担。让员工养成节俭的习惯，是一种美德。但美德不等于必须拥有的品德。于是乎，善变、善学的欧美老板们在经济危机中学会了将成本压制到最低的方法：从中国台湾、新加坡地区高薪聘请像尼基这样的东南亚或者中国台湾地区的管理人员来进行现场管理。

尼基总是认为自己的那点财务知识只能算得上是毛毛雨，真正让老板选中的原因正是几十年来积攒的管理理念和中英文快速切换的语言能力。他并不乐意做个人见人厌的监工，他似乎更加愿意和大家一起讨论"我们把钱浪费在何处",然后一起去解决!

和财务关联最大的是库存浪费。

库存包括:零部件、材料库存、半成品库存、成品库存、已向供应商订购的在途零部件、已发货的在途成品等。

库存的浪费主要表现在:

(1) 占用空间,使先入先出的作业产生困难。

(2) 占用资金(损失利息)及额外的管理费用。

(3) 存放时间过长容易形成呆料、废料。

(4) 产生不必要的搬运、堆积、放置、防护、寻找等浪费的动作。

(5) 隐藏一些作弊行为,正如我们刚刚提到的有人一手遮天指鹿为马地把原料当废品处理。

通过不断减少各种库存来暴露管理中的问题,不断消除浪费,进行永无休止的改进。

不过,尼基引用丰田管理的理念告诉一直在找问题的约翰:"真正的浪费,是对员工智慧的浪费,这是最大的无形损失。"

以加工车间为例:

(1) 用人不当。无论何时,你都可以看到同一道工序上有工人在等待在传送带上移动的产品。是配合不当,还是人员浪费?或许只需要2名工人就可以替代3人的工作。

(2) 无视员工的智慧和才能,一律赶鸭子上架随意安置在缺人的岗位。迷糊的人事部并没有执行自身的职能,为公司筛选可用之才,甚至还把招进来的储备干部强硬拉进车间充数。现在的大学生干的是民工的活儿,拿的薪水是民工的一半,心里不痛快很正常。刘苏一周前还接到打错的投诉电话,对方大概是个刚毕业的大小伙子,带着哭腔抱怨着人事部的欺骗行径,午餐时间,看着一个高过自己两个脑袋的男生拉着行李箱坐在大厅向人事主管讨说法。那模样挺让人心酸,比那些劈头盖脸就痛批灭绝师太的

第21杯 企业的利润从何而来

工人们有素质得多，更不会把板凳横在师太的办公室门前闹事，他只是一个怯懦的毕业生。工人们背地里都觉得人事部的员工"专不做人做的事"，只是老板的一只狗，听任摆布。师太自有师太的绝技，实在熬不过去了，就用女人最强势的武器——眼泪应付了事。不过，师太吃硬不吃软，这个大块头自然被她厉声斥责了一番，灰溜溜地放下行李回车间干活了。这年头工作不好找，难道真的要闹得鱼死网破吗？还是骑驴找马比较稳妥。刘苏有些愤愤不平，但这事轮不到财务部管，尼基让刘苏不要觉得好奇，这个世界上不公平的事情多着呢，更何况这不是财务部的职权范围。但是他很认同用人不当带来的恶果，抱怨是最厉害的慢性毒药，这对于公司的企业文化也会造成不小的影响。

总经理约翰是个暴脾气，听不进尼基的忠言，怒吼："我亲自让保安调出监控，午夜十二点绝大多数员工在睡觉，不睡觉的好事者在偌大的车间玩起'疯狂叉车'的游戏，剩下的和小情人儿卿卿我我。夜班有这么多事情可以打发时间，谁还为公司卖命呢？我养一帮饭桶干什么？我说过，我不是圣诞老人和慈善家！这是绝对不能容许的，必须要惩罚！"

对于公司集体意识的麻木，必须告诫员工不能浪费公司的钱和工作时间，提高主人翁意识。不过，这也有些副作用。除了夜班开小差，有些蛆一样拱着的小人们开始给爱听八卦的领导们放风声：谁号召员工拒吃工作餐，自带食物，每天使用微波炉热饭菜；谁又在医务室给自己的电瓶车充电；谁爱在上班时间打私人电话。大家在一片声讨中互相指责着，好不热闹。有魄力的约翰先生一直坚称人是管不住人的，只能用政策来管教。于是，古德为了开源节流，奖惩制度终于重磅出炉：下班时间不切断电源者和用公司的电给自己的手机、电瓶车充电者扣除当月奖金充当电费，微波炉只准上夜班的工人使用，揭发他人用公司电话私用者可以得到奖金，上班时间睡觉者一律开除……

制度一公布，车间就闹出了乌龙事件：有几个因睡觉被开除的工人不服气，趁着还没离职，偷偷溜进车间偷拍了车间主管白天打盹的照片，传到老板的邮箱暗讽待遇不公。

约翰在晨会上气得暴跳如雷，车间主管唯唯诺诺地辩解：昨晚与生产总监陪着约翰的中国客人喝完了酒还打了通宵麻将，宿醉的状态怎能第二天不瞌睡呢？约翰先生没有理由怪罪主管，只得哑巴吃黄连，装模作样地轻判：主管不在处罚之列。但为了避免管理层有"只许州官放火不许百姓点灯"之嫌，车间主管"被放假"一周反省思过，扣除当月奖金。事实上有没有处罚，谁也不知道。但这些苛刻的形同虚设的有针对性的规章制度确实引起了公愤，车间大批员工流失，人事部全体出动到处贴小广告招聘工人。

尼基用自己独特的理念浅谈了几点关于浪费的问题及对策。

（1）生产过剩导致大量制品堆积、人员浪费、资金积压。

对策：重新安排生产线，只生产必要的量，使物流顺畅。

这和资金流的概念是一致的，资金若是积压在存货上，购买原料的钱就会吃紧，必须重新调整计划，资金流才会顺畅。只支出固定的资金，其他可以暂缓或拖延的一定要顶住，大家要像黄继光的胸膛一样堵住炮口，打死也不付。

（2）各种流程不合乎"动作经济原则"，存在重复劳动的现象。

对策：充分考虑动作的经济性，彻底改正工作。

如果没有一种标准化的作业流程图，大家闭门造车出门不合辙。前面提过财务部和销售部、采购部之间的斗争就是因为沟通不顺畅引起的。

（3）次品过多，不良品必须重修，增加已发生的人力、物力。

对策：减少不良品，提高生产力和生产率。

必须让每一个员工知道上一个流程是什么，到自己这一关不仅可以检查前面的经办人做得是否正确，自己做完之后交到下一个经办人手中，他／她依然可以起到复核的作用。比方郁芳核对现金的时候，可以核查刘苏的银行日记账和现金日记账做得对不对。一旦发生误差，必定是某个环节出了错，也许是支票填错了金额，也许是账面出错，也许是郁芳数错了钱。重新核账显然是个费时费力的活儿，不如做到日结月清，每天把数目对准，月底就会轻松得多，工作效率也会大大提高。

（4）等待时间过长。

机器自动加工时，人员闲置或前后流程无法衔接，使得人与机器都闲下来（人闲着只能找点其他事情打发时间，比如玩"赛车"、谈情说爱、睡大觉，开除他们确实也有些理亏，老板没有活派呀）。

对策：使机器变成自动化或一人多机或一人多工程。

老尼狡猾地避开给员工分工的话题，因为活力十足的财务部每个人都是多面手，一人参与多个流程。每个人工作起来都游刃有余，无形之中已经完成了好几个人的工作。

（5）搬运时间过长。

对策：物流保持顺畅，采用流水式生产线，使用台车和输送带减少搬运时间。

财务部数据电子化的快速办公方式节省了很多时间，还节省了打印机的油墨，大家不必再把时间浪费在做账本、使用计算机上。包括郁芳在内的员工都被老尼培养成了EXCEL高手。

（6）库存浪费。

对策：争取"零库存"，实施"快速换模"、"小批量生产"、"流程化U型生产的机器配置"。

减少零件、在制品、成品的堆积，减少库存，增加资产周转率，提高利润。这个资产周转率本节先卖个关子，下面会着重提及这个重要的比率。

成本世界，管理者最关心的就是成本问题，处处都在烧钱，几乎每件东西都会活生生地让老板从口袋里掏钱出来点燃。焦虑的约翰先生听进去了多少？听其言，观其行，大家拭目以待！

★第21块方糖★

手握得越紧，手中的沙流失得越快，"对症下药"才是正解！

第22杯

暗藏玄机的资产周转率

约翰采纳了尼基的管理理念,改善了奖惩制度,削弱惩罚力度,加强奖励政策,员工积极性大增,库存反而降低了。铁扇公主是尼基的下属,她也积极配合了工作,将库存周转率调整到了最佳。但是这个脾气火爆的老头子看到财务报表依然纠结。有效产出和库存都得到了控制,为何还是不赚钱?

和销售部的再次较量又开始了,报告暗示:必须加强绩效考核,销售员们的业绩今年相当不给力!漂亮的玛格丽特不开心了,每天穿得花枝招展接待客户,还得端起酒杯卖笑,金融危机时期能把产品卖出去就已经很辛苦了。公司再提苛刻要求,她只能转行回家做化妆品销售了。

与销售们最相关的财务指标就是资产周转率。

资产周转率(Asset Turnover)是衡量企业资产管理效率的重要财务比率,在财务分析指标体系中具有重要地位。这一指标通常被定义为销售收入与平均资产总额之比。总资产周转率是考察企业资产运营效率的一项重要指标,体现了企业经营期间全部资产从投入到产出的流转速度,反映了企业全部资产的管理质量和利用效率。通过该指标的对比分析,可以反映企业本年度以及以前年度总资产的运营效率和变化,发现企业与同类企业在资产利用上的差距，促进企业挖掘潜力、积极创收、提高产品市场占有率、提高资产利用效率。一般情况下，该数值越高，表明企业总资产周转速度越快。销售能力越强，资产利用效率越高。

资产周转率分为：应收账款、存货周转率、流动资产周转率、固定资产周转率、总资产周转率。它考察的是企业的营运能力和资产管理能力，并能分析企业的资产管理水平。存货的积压状况，应收账款的回收天数，资产结构是否合理等，都可以做出判断。这个其实没有什么标准，比如：存货和应收账款，当然是周转时间越短，变现能力越强，企业资金运转得越好，财务状况越不会出现危机。

煮饭的锅炒不了米饭，切水果的刀杀不了鸡，术业有专攻，专门的公式也对应了不同的对象来阅读和分析。不过值得一提的是，总资产周转率公式中的分子是指扣除折扣和折让后的销售净额，是企业从事经营活动所取得的收入净额；而分母是指企业各项资产的总和，包括流动资产、长期股权投资、固定资产、无形资产等。众所周知，总资产中的对外投资，给企业带来的应该是投资损益，不能形成销售收入。可见公式中的分子、分母口径不一致，进而导致这一指标前后各期及不同企业之间会因资产结构的不同而失去可比性。忽略这一缺陷不计，对于不同对象，它们还是发挥了强有力的作用。比如，约翰和股东们可以通过资产周转率判断企业财务安全性及资产的收益能力，以进行相应的投资决策；债权人通过资产周转率分析，有助于判明其债权的物质保障程度或其安全性，从而对古德公司进行相应的信用评价；普通管理者通过这个比率杜绝浪费，具体表现为可以发现闲置资产和利用不充分的资产，从而进行有效处理，提高营业外收入。

刘苏歪着脑袋查阅资料，头有些晕乎，不查不知道，一查吓一跳，这么多关于资产周转率的公式！

第22杯 暗藏玄机的资产周转率

应收账款周转率 = 赊销收入净额 ÷ 平均应收账款

赊销收入净额 = 赊销销售收入 − 销售折扣与折让

平均应收账款 = （期初应收账款 + 期末应收账款）÷ 2

平均收现期 = 360 天 ÷ 应收账款周转率（也可按季度90天，月度30天计算）

流动资产周转率 = 销售收入净额 ÷ 平均流动资产

平均流动资产 = （期初流动资产 + 期末流动资产）÷ 2

流动资产周转天数 = 360 天 ÷ 流动资产周转率

固定资产周转率 = 销售收入净额 ÷ 平均固定资产净额

平均固定资产净额 = （销售期初固定资产净值 + 期末固定资产净值）÷ 2

固定资产周转天数 = 360 天 ÷ 固定资产周转率

到底哪一个才是最有效的公式呢？

尼基给了一些提示：既然销售部又开始叫嚣，用应收账款周转率来封他们的口！计算出应收账款周转率，可以作为对销售员的绩效考核标准。他教刘苏用EXCEL软件做数据透视表，这项技能可以帮助她在任何情况下快速制作应对不同要求的报表。

一般来说，应收账款周转率可以考察销售员的业绩，这个比率高，表明公司收账速度快、平均收账期短、坏账损失少、资产流动快、偿债能力强。与之相对应，应收账款周转天数则是越短越好。如果公司实际收回账款的天数超过了公司规定的应收账款天数，则说明债务人拖欠时间长，资信度低，增大了发生坏账损失的风险；同时也说明公司催收账款不力，使资产形成了呆账甚至坏账，造成了流动资产不流动，这对公司正常的生产经营是很不利的。但从另一方面说，如果公司的应收账款周转天数太短，则表明公司奉行较紧的信用政策，付款条件过于苛刻，这样会限制企业销售量的扩大，特别是当这种限制的代价（机会收益）大于赊销成本时，会影响企业的盈利水平。

有一些因素会影响应收账款周转率和周转天数计算的正确性。首先，由于公司生产经营的季节性原因，使应收账款周转率不能正确反映公司销售的实际情况。其次，某些上市公司在产品销售过程中大量使用分期付款方式。再次，有些公司采取大量收取现金方式进行销售。最后，有些公司年末销售量大量增加或年末销售量大量下降。这些因素都会对应收账款周转率或周转天数造成很大的影响。投资者在分析这两个指标时应将公司本期指标和公司前期指标、行业平均水平或其他类似公司的指标相比较，判断该指标的高低。

　　根据刘苏的报告，玛格丽特的业绩半年来是最差的，如果下个季度还不跟上的话，她很有可能成为出局者。

★第22块方糖★
数字是各行业之间最有说服力的通用语言。

第23杯

现代龙票——银行汇票

　　三个月后，古德公司和漂亮的玛格丽特解了约。理由是：她误解了一个销售员的职责。有人看见她跟着外商进了酒店房间，她来古德的目的只有一个，就是傍大款或者找个老外嫁到国外去。公司只看业绩，你不能为公司做贡献，老板也不是傻瓜。弱水三千只取一瓢饮的是情种，约翰是典型的"妻管严"，他的眼里只有睫毛弯弯的贤惠太太，自然看不上做作的玛格丽特。好看的女人和不好看的女人十年后都差不多，何况此女动机不纯，每天只会打扮入时地勾引客户。古德并不是需要销售员天天出去跑业务的公司，它已经拥有成形的销售渠道，销售的职责更准确地说是跟单，你只需要会报价和发货。玛格丽特这样的员工，无疑损坏了公司名声，留不得。

　　妖女被除的消息散播开，公司一时间炸开了锅，有幸灾乐祸的，有叹气惋惜的，也有胡思乱想的。

　　刘苏煞有心事地问黎柏一："你喜欢漂亮姑娘吗？"

　　他们已经有一个月时间没见面了。上个月刘苏生日，黎柏一在成都见客户。她和姐妹们是一起看电影、K歌度过的。黎柏一对于她而言，更像是个形式主义的男友。她刻意地想拉近彼此的距离，把手头上的工作带回家做，换来约会时间。不爽约的感觉挺不错，否则每回不是他没空，就是自己没空，互相埋怨着，又彼此心疼。像他俩这样年纪轻轻、不啃老，放下儿女私情，努力奋斗着的年轻人不多见。

"啊？你说什么？"黎柏一心不在焉。

"我是说，你喜欢漂亮姑娘吗？"刘苏有些不开心，她越来越反感黎柏一说话的时候不看她的眼睛。

"喜欢啊！我天天都和漂亮姑娘一块儿工作，简直就是享受！"黎柏一不知道是为了故意气气这个醋意大发的丫头才这么回答的，还是做生意之后油然而生的虚荣心在作祟，刘苏一直猜不透。

"一般公司做销售的都是美女吧？你现在的目标是哪个？"此时的刘苏像是刚从山西回来的游客，浑身上下都充斥着一股酸味儿。

"范冰冰！比她丑的，我不要！只有和目前为止中国最美的女人谈恋爱，才是我们男人最值得骄傲的谈资！"黎柏一越说越得意。

扑哧，醋妞乐了！

能用一个玩笑把刘苏逗乐，是黎柏一的强项。谈恋爱不就是你哄我，我哄你吗？若谁也不退一步，紧追猛打地互相猜忌，恋爱早晚要变成噩梦！

"傻妞，美女看不上我这个穷光蛋。即使看上了，我也会告诉她们，这辈子，我非刘苏不娶！否则罚我去少林寺当和尚。"

"我呸，相信世上有鬼，也不能相信男人那张破嘴！"刘苏飞过去一本书，正中黎柏一的脑门。

一本《龙票》砸得黎柏一头晕眼花。

"你啥时候开始看这类小说啦？"黎柏一边揉脑袋，边打听。

"老尼的，他对收藏颇有一番研究，所以买了书研究中国民间收藏史。我找他商量公事的时候在他办公桌上发现的，呵呵，等他一看完就火速借回来读啦！"刘苏喜欢给黎柏一讲故事。

清太祖开国复兴资金短缺，向豪门大户大量借款，出具了盖有玉玺大印的债权凭证。凡手执龙票的关内大户，后来都被追认为是为大清立过大

第23杯 现代龙票——银行汇票

功的功臣。而今天的"龙票"则是一种多城市的不动产抵押债，它代表着绝对安全的投资理财方式。老妈比较喜欢黄晓明，追看了电视剧《龙票》。刘苏抱着西瓜飘过客厅的时候瞄了几眼，讲的就是书里关于龙票的传说以及山西票号一百多年的金融历史，她对政治斗争和偶像明星没有太大兴趣。尼基告诉她，龙票可以说是洋务运动时期的"兴国债券"，它代表到期一定可以兑现的承诺。作为一种还款票据，票据上盖有皇帝盘龙玉玺，这和公司出具的公章是一个概念，代表了至高无上的权威象征和信用级别。这倒是引起了她极大的好奇。

"我对龙票没啥兴趣，不过那盘龙玉玺倒真的是极品。白玉洁白无瑕、温润古朴、俊秀内敛。我们公司新设计了一款数码产品，就是以中国风为主的。你这么一提醒，倒是可以把白玉和印鉴的设计理念放进去！"黎柏一是个拥有艺术细胞的创业小青年，他对中国传统文化艺术也颇有一番研究。

"想不到咱们今天找到共同话题啦！你总是教育我，今天我也来给你上堂课，龙票是旧时洋行流通的有价票据，相当于现在银行流通的承兑汇票。我查阅了相关资料，用白玉做印章有三层意义：取玉之仁，润泽而温，代表龙票精神的稳健；取玉之智，锐意进取，代表龙票精神的创新；取玉之勇，不屈不挠，代表龙票精神的坚韧；取玉之洁，纤尘弗污，代表龙票精神的诚实。呵呵，这枚玉玺的尺寸设计其实也有特殊寓意，台面上的盘龙高度与玉玺总高度的比例为60%，代表龙票抵押债的抵押率最高是60%。"刘苏运用书籍和网络资源了解了龙票的来龙去脉以及深层意思。

企业经营与资金有着紧密的内在联系，企业的经营活动是由现金至存货、应收账款，再回复至现金的运动过程，这一运动过程的转换是企业生存的血脉。事实上，即使有的企业处于盈利状态也不能保证其现金流量能够应付债务的清偿。不少企业的管理层对现金流量的关注程度一直远远低于对利润的关注，所以提高盈利的质量，加强应收账款和存货的管理至关重要。

金融危机时期,古德加强了对应收账款的管理,督促销售员们关注资金回笼。为了抵充应收账款,C公司没有现金支付,只能用银行承兑汇票来还。

银行承兑汇票(Bank's Acceptance Bill,简称BA)是商业汇票的一种。是由在承兑银行开立存款账户的存款人出票,向开户银行申请并经银行审查同意承兑的,保证在指定日期无条件支付确定的金额给收款人或持票人的票据。对出票人签发的商业汇票进行承兑是银行基于对出票人资信的认可而给予的信用支持。银行承兑汇票的出票人只需要具备以下几个条件:只要与承兑银行具有真实的委托付款关系、能提供具有法律效力的购销合同及其增值税发票;有足够的支付能力,良好的结算记录和结算信誉;与银行信贷关系良好,无贷款逾期记录;能提供相应的担保,或按要求存入一定比例的保证金;另有民间贴现方式可以选择,一般为投资公司需要。

(1)信用好,承兑性强。银行承兑汇票经银行承兑到期无条件付款。就把企业之间的商业信用转化为银行信用。对企业来说,收到银行承兑汇票,就如同收到了现金。

(2)流通性强,灵活性高。银行承兑汇票可以背书转让,也可以申请贴现,不会占压企业的资金。

(3)节约资金成本。对于实力较强,银行比较信得过的企业,只需交纳规定的保证金,就能申请开立银行承兑汇票,用以进行正常的购销业务,待付款日期临近时再将资金交付给银行。

由于银行承兑汇票具有上述优点,因而受到企业的欢迎。与此同时,伪造银行承兑汇票等犯罪行为呈现上升势头,有些企业深受其害。

银行承兑汇票是指由在承兑银行开立存款账户,资信状况良好的法人组织签发,并由开户银行承诺到期付款的一种票据,它是目前企业间相互结算的重要方式之一。

(1) 对于卖方来说,对现有或新的客户提供远期付款方式,可以增加销售额,提高市场竞争力。

(2) 对于买方来说,利用远期付款,以有限的资本购进更多货物,最大限度地减少对营运资金的占用与需求,有利于扩大生产规模。

(3) 相对于贷款融资可以明显降低财务费用。

银行承兑汇票贴现流程图如图3所示。

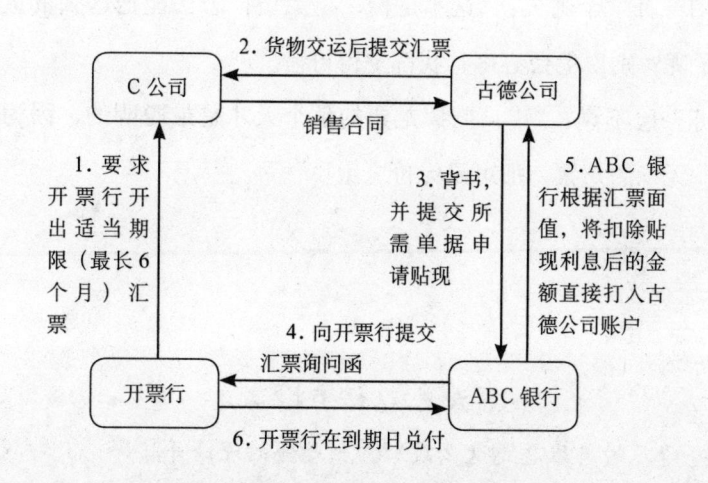

```
                  2.货物交运后提交汇票
        C公司 ←──────────────── 古德公司
          │      销售合同            ↑
  1.要求                    3.背书,    5.ABC银
  开票行开                  并提交所    行根据汇票面
  出适当期                  需单据申    值,将扣除贴
  限(最长6                  请贴现      现利息后的金
  个月)汇                              额直接打入古
  票                                    德公司账户
          │    4.向开票行提交         │
          ↓    汇票询问函             ↓
        开票行 ────────────────→ ABC银行
                6.开票行在到期日兑付
```

图3　银行承兑汇票贴现流程图

"你知道吗?今天销售部交了一张银行承兑汇票,你猜多少钱?"刘苏推了推黎柏一。

"多少?"黎柏一玩起了PSP。

"一千万。"刘苏想起白天看着郁芳小心谨慎地把它放进保险箱的时候,她曾顽皮地幻想着如果这张"龙票"可以背书转让给自己该有多好。

"哈哈,那你想办法背书转让给我!我听说银行承兑汇票有六个月的期限，到期后无条件支付。咱们就成千万富翁啦，带着钞票逃亡海外吧！"黎柏一连玩游戏都能三心二意地意淫，真服了他！

"满脑子净想着钱，讨厌！还文化人呢！"刘苏没好气地扔过去一个靠枕。

黎先生压根没再继续听下去，也不反驳。他赞同刘苏的求知欲和执著精神，但更珍惜自己的休闲时间，完全放空，所以他崇尚快乐的拜金主义。接下来的一个月，他会在成都和客户商讨"中国风"数码产品的设计演示。

"老尼问我，如果世上只剩下两张龙票，一方花巨资买下对方的收藏，并且撕毁，他傻不傻？你觉得呢？"

黎柏一打了个呵欠："这不是傻，是太傻！怎么能把这么贵重的收藏给销毁了呢？别说他会心疼，我都觉得可惜。"

刘苏一脸不满："错，撕掉龙票的那个人才是最聪明的，因为他拥有世上独一无二的龙票，那可是无价之宝！"

★ 第23块方糖 ★

老尼的思维总是这么跳跃，但是他的理论并非谬论，坊间也有类似的传闻。在有价票据变成无价之宝之前，必定先要有一场明争暗斗的厮杀。

第24杯

会计何苦为难会计

为了证明自己是独一无二的瑰宝,办公室的美女们都主动在一个明媚的周末自觉来公司加班,不让繁重的结账工作拖到下周完成。

章钰拎着漂亮的小包,走到刘苏面前,漂亮的嘴角正在上扬。

"是我看错了吗?八爪居然会笑?"郁芳的表情像是看到了UFO。

章钰并未理会郁芳,邀请刘苏一起喝下午茶。王琳和郁芳则相约逛街买母婴用品。

"她们俩来自两个星球,都是怪人,能一起喝下午茶?最让人不解的是,八爪居然会亲自邀约!太不可思议了。难道最近的核辐射已经危及我们这儿了?"郁芳越说越离谱。

"少造谣引起社会恐慌啊!日本人没被吓死,我们都要被你的虚张声势吓趴下了。这是好的开始,章钰一直不把刘苏当新人看,这种敌对的态度我早发现了。让她们在工作之余多处处感情,不是一件很棒的事情吗?"王琳总是这么善解人意,她心里装的都是她那即将出世的小宝贝,自然渴望财务部是一片净土可以让她安然度过孕期,升级做妈咪比职场升职更有吸引力。

另一条街的必胜客店内播放着让人觉得温暖的音乐,小野丽莎的声音依然迷人。刘苏点了一份提拉米苏和果汁,章钰点了一份布朗尼和咖啡。

白领向往的小资生活里面包含着这一条：坐在洒满阳光的落地窗前，和朋友一起边享受下午茶边畅谈人生。

她们能算得上是朋友吗？章钰葫芦里卖的是什么药？

"听说你在大学里参加过辩论比赛。"章钰是个不善于聊天的姑娘，连开场白都这么奇怪。她不是一个想了解别人、或者让别人了解的女人，甚至有些自我保护意识。难道她想和刘苏交朋友？

"是，只是一种兴趣。我还做过其他尝试，呵呵，只是没有想到会做会计。"刘苏毫无城府地应答。

"你想过将来要做什么吗？"章钰今天看起来很漂亮，精致的妆容衬托出她娇俏的脸庞，一点也不嚣张，整个人显得柔美而恬静。

刘苏没有设防："想过要当演员或者小说家。读大学的时候，有个剧组的工作人员在食堂门口招群众演员。我拎着两瓶开水飘过，碰巧被选中了。那场戏需要200个群演，我推荐了我的一个室友。你绝对想象不出来第二天凌晨五点钟200个学生挤在一个小小的公车站台等车的场景。人头攒动，黑压压的一片，公车司机不敢停车，以为遇到了群殴事件，眼睁睁看着他脚踩油门、一路狂飙。好不容易赶到现场，天公不作美，噼里啪啦下起雨来。排着队换服装、化妆。期间，还有场务和我们聊天，问我们是哪所大学的。现在的大学生都喜欢当明星，高薪行业谁不愿意挤破脑袋往上冲啊！"

"呵呵，你有很特别的气质，为什么不做演员？"章钰听得有些入迷，浅尝一口甜点。

"漂亮的姑娘很多啊，我只想去尝试。何况，那天我被一个香港女人要求穿我妈妈那个年代才会穿的老式衬衫和西裤，扎俩小辫，傻透了。我可没指望会被选中当个配角什么的。演员是需要姿色的，娱乐圈潜规则太多，不适合身心发展呐！要潜，也得潜对人呐！像我这样头脑简单、四肢发达的傻蛋儿，容易赔了夫人又折兵。哈哈！"刘苏开玩笑道。

第24杯 会计何苦为难会计

章钰也被逗乐了:"嗯,听起来挺有意思。多尝试不同的生活,人生会很丰富多彩啊。你的文笔不错,为什么不考虑写写东西。就像你刚才所说的,写小说!"

"你有梦想吗?"刘苏没有从正面回答。

"有啊,我曾想过要当舞蹈演员。我很好强,妈妈却总说我不够好,也没有获得什么奖项,心想着可能没啥舞蹈天赋,练着练着就厌倦了。高考败北,阴差阳错地调剂到会计系,工作也就顺理成章了。"章钰追忆最初的梦想,神情有些沮丧,她不可以容忍自己做得不够出色。

"你看,所有人都在做与梦想无关的工作,这就是现实。我的专业不对口,被很多杂志社还有报社拒之门外。坚称'干一行、爱一行'的人很虚伪,我也曾经怀疑过自己,但是尼基教会了我发现自己的闪光点。我在系统地学习财务知识和管理理念,至于将来会做什么,我想不到。只想活在当下,及时行乐。嘿嘿!"刘苏大口大口地吃起提拉米苏,那是一种层次分明的美味点心,不同层、不同味,很奇妙。

"我们来续杯吧!"章钰像个孩子似的调皮地和刘苏交换了杯子,服务员重新端上一杯咖啡和果汁,这是下午茶可续杯的诱惑。

章钰喝着果汁,消灭了整块布朗尼。刘苏在咖啡香气中失了神:原来八爪也挺可爱的!

"好久没看到那个经常来公司接你下班的帅小伙了,他是你男朋友吗?"章钰的眼神里居然流露出一丝羡慕。

"算是吧,亲如家人。从读书时起,我们就在聊人生谈理想,像一对黄昏恋的老夫妻。工作之后,聚少离多,总是在用电话和邮件连接感情。我不知道这种情感会不会被时间这把锯子锯断。我很喜欢时间是把锯子的比喻,有时候它会硬生生锯断久到忘记了交往时间的爱情,有时候它会帮你锯断一些杂念,有时候它在你心里拼命劳作让你心疼并不得安宁。"刘苏是个真性情的女子,读书时她总会记得黎柏一的生日,并且兴冲冲带着礼物坐火车去他的城市为他庆生。工作后，黎柏一的生日不是在飞机上度过，就是在火车上度过。也许，相见不如怀念是最好的方式，想让久到快让人忘记的爱情保鲜就要保持一定距离。她没有告诉章钰这些，不想在同事面前露出伤感的一面。

"我真服了你！你简直就是个文艺女青年。你的锯子理论太精辟了！"章钰拍手叫绝。

"呵呵！"刘苏不好意思地笑。

"其实，我从一开始就很欣赏你，并且一直把你视为竞争对手。也许在公司，我一直被当成和上司暧昧不清的坏女人。古德是个作风严谨的公司，管理层行为得体，自然不会让女人靠姿色这件事曝光。即使有，也不会做得那么明显。我不明白，为什么很多人都在指责我得到今天的一切都因为尼基。我不否认尼基的提点帮我快速得到我想要的，可是我不愿意做一个靠姿色上位的女人，那不符合我的价值观标准。"章钰第一次向自己的宿敌吐苦水。

"树欲静而风不止。走你的路，让别人打的去，呵呵，学会放下吧！你很优秀，为何这么在意别人的看法呢？那样会很累。"刘苏的话发自肺腑，她希望每个人追求的是成就感，而非成就。

作为上司，尼基对她们俩的矛盾和暗自较劲一清二楚。但是老板喜欢下属之间适当的"不团结"，这也是权术之道，就像皇帝喜欢让大臣们互掐。

★ 第24块方糖 ★

老尼在一次部门会议中说起"了解对手最好的方式就是先和他做朋友"。亲爱的姑娘，你可知道有句老话叫作"知己知彼，百战不殆"，今天你说了太多私人话题，小心！

第 25 杯

职场晋升靠实力

　　心理学认为，女性在事业上容易失败，这是心理因素占据了主导地位。许多女子内心都潜伏着心理障碍：因漂亮产生过分的优越感、因竞争意识强烈幻想出无数个假想敌、因韶华逝去的自卑而失去斗志、因虚荣而想通过权色交易上位等等。

　　三年前，每回黎柏一去学校接刘苏的时候都会感叹：美女如云的原来不是高傲的中文系，也不是古灵精怪的艺术系，理智与情感兼备的会计系才是。漂亮女人比比皆是，可是拥有理智思维的漂亮女人不多得。

　　古德财务部第一冰美人章钰就是这样不可多得的女子。虽然许多人被她的嚣张气焰压制得妥妥帖帖，但也有不少好事者背地里议论纷纷：尼基一定喜欢章钰，否则为什么会在她生日那天送她一束玫瑰花？为什么会带她出国开会？谁知道两人之间发生过什么！要么，就是章钰傍上了老尼，不当小三怎么会爬得那么快呢？

　　刘苏没有理会长舌妇的言论，那天下午茶之后，她对章钰有了新鲜的认知，并且相信男女之间存在着欣赏和仰慕的情感，为何要把女人升职和色诱绑定在一起呢？

　　不过自从销售清单一事，刘苏和章钰之间的心结始终没有解开。两人之间的关系很微妙，亦敌亦友。章钰以为年轻貌美的刘苏是老尼的意中人，刘苏认为老尼欣赏的是章钰，各自猜忌又各自否定，因为谁也没得到啥好处。

总公司来人内审。章钰作陪，一路上狂飙英文，可那张精致的脸蛋上没有露出一丝笑容。内审员一直没有搭理她，倒是和一脸微笑的刘苏攀谈起当日的天气来。他们一飞到上海就冷得不行，在一群穿着羽绒服的中国人之中尤为突出，他们每个人只穿了一件薄薄的T恤。该死的天气！刘苏推荐了一家市中心的外贸店，可以买到款式很IN（时尚）的毛衣和外套，牛皮靴是纯手工打造的，独此一家。内审员也是个差不多年纪的欧洲小美女，一提到漂亮服饰就无法自拔。工作还是要继续的，但是报告中能够避免的问题，她都没有为难刘苏，只是例行公事地共同完成了对销售部的审核。

此时的财务部除了糟糕的天气，还有糟糕的气场。章钰的脸都快气绿了，从内审员和刘苏的简单交谈中，她读出了些许信息：这个小妮子不简单，面对总公司的内审员都能这么不卑不亢，甚至还能不拘小节地半开玩笑。内审员对着自己，感觉就像对着一个卑微的女囚。

章钰给尼基敲边鼓：刘苏同志和总公司的内审员走那么近，她领的可是您发的薪水。聪明人应该知道谁才是老板，应该为谁卖命。尼基耳根子软，他明白刘苏的认真执著可能会给古德带来一些麻烦，母公司和子公司向来经济独立，古德具备了独立核算的资质。还是先让章钰去处理具体事务比较好，她会把报告做得更加妥当。兴许，刘苏更适合做一个喜欢刨根问底的记者。懂得了很多，这叫成长；懂得了很多却不说出来，做到心中有数，这叫成熟。刘苏作为成长中的财务人员，确实有些过于执著，她总是抓住细节不放，大大影响了工作效率。

章钰在审计工作中表现突出，她把每个环节都考虑得异常周到，也把尼基考虑到的几个问题提前与审计周旋，达成一致后，共同做出调整意见。

尼基第一次高调赞赏章钰，觉得她是"集智慧与美丽于一身"的女人。

在尼基看来，章钰有以下优点：

（1）她有一颗冷静的头脑，能够明辨是非、理性思考。

（2）她有明确的目标和对成功的迫切渴望，更加清楚自己的潜在价值。

（3）她喜欢运动，时刻保持最佳的体能状态。

（4）她勇于挑战，不畏强权。

（5）她懂得周旋和权衡，处世"外圆内方"。

（6）她喜欢和同事打成一片，用正面力量让自己变得更加积极。

除了勤奋和灵活，她只欠缺"保持平和心态"这一点，就堪称完美女性了！

萧翊的离开，财务部人手紧缺。这时候，懂得抓住机会的章钰毛遂自荐接下了税务工作。"八爪"工作狂般的努力，尼基看在心里：一个对工作高度热忱的人，在任何时候都能够满足公司的需求，不管是男人，还是女人，都应该得到他／她想要的。

刘苏还是一株嫩草，发展空间很大，不急于一时，否则只能拔苗助长。王琳正在孕期，很多事情还得依靠章钰去张罗。郁芳是颗随时会引爆的炸弹，谁也不知道她什么时候会出纰漏。简只是一个随时待命的小秘书，不成大器。陈默是个深不可测的人物，不为自己所用。目前，只有章钰算得上是心腹。留住员工的唯一有效途径就是加薪或者给点甜头：你在老板心中有多重要，就看他给你增值的比例有多重。人事部接到通知：自当月起，章钰的 Job Grade 连升两级，相当于变相加薪。

★ 第 25 块方糖 ★

是玫瑰花获取了芳心，还是一次暧昧的公差旅行让上下级的关系愈发扑朔迷离？对于章钰这样的强势女子来说，两样都不是。她用自己的实力证明：女人上位靠的就是硬生生的资本，懂得抓住时机的聪明女子比懂得向男人投怀送抱的美丽女子要长寿得多。至于别人的闲言碎语，就当过了期的罐头扔掉算了。

第26杯

记好流水账,管好保险箱

刘苏在工会主席的推荐下,参加了本年度的企业文化艺术节。她是唯一一个脱稿的选手,自信满满地开始了她的演讲:

安全常在心中,幸福常伴左右

安全是生命之本,安全是幸福之源。与安全同行,小至你、我、他,大到企业、社会乃至世界,安全就是生命与快乐的保障。生命因健康而美丽,生命因安全而保障。生命仅仅是一个过程,一个转瞬即逝的过程,短暂的如天空中的一颗消隐的流星。

有了安全,我们才能在下班后在夕阳下和家人悠闲地漫步在航天广场上;有了安全,我们才能以坚定的意志去追求自己事业的成功;有了安全,我们古德公司才能向一流企业发展;有了安全,我们的国家才会和谐。

当我们匆匆走过每个平凡日子的时候,生活的繁琐和压力可能使我们觉得乏味,很多人觉得幸福生活离自己很远,自己想要的总是得不到。可是,你有没有想过,生病的时候,你是那么羡慕健康的人,觉得如果自己也是健康的那有多幸福,同样,我们现在经过的这些平凡日子其实也是幸福的,为什么呢?因为这些日子虽然平凡,但它同样是安全的,在事故面前当你回想一下下班后自己的孩子在身边喊爸妈的时候,当家里的老人做好饭等你端碗的时候,那是多么幸福,又是多么珍贵呢?

事故的发生证明,盲目自满情绪,必然导致麻痹大意、放松警惕,这正是滋生事故的温床。安全意识的树立、培养和提高,是一个始终持续的过程。安全是企业的生命线,是企业生产正常进行的重要条件,是企业生产正常进行的最大保障。企业与每一位员工息息相关,同呼吸、共命脉。企业的利益是以企业的安全为保障的。任何企业与劳动者都必须把安全生产作为头等大事,意识不到或疏忽这一点,就会酿成大祸。这就要求我们在工作中,始终应该坚持"安全第一"的原则,这不仅是对我们每一位员工的规范,更是保障我们自身和他人生命、健康不受侵害,享受人生幸福的保证。

认真学习安全生产法,努力提高安全意识,严格执行安全生产责任制,坚决抵制违章作业、指挥,做到"四不伤害"。因为只有意识到安全警戒线的存在,才不致越雷池一步。

民以食为天,企业以安全为天。天空因晴朗、明亮而美丽,生命因安全而灿烂,企业因安全而腾飞。无论何时何地,安全永远要放在第一的位置。在安全这片天空下,我们将走得更远、更幸福!

一口气脱稿完成了演讲,刘苏的表现不错,得了第二名,奖品是一套白色运动服。去跑步吧,哪怕没人陪伴左右;去工作吧,哪怕没人欣赏。演讲比赛第一名得主是生产车间的一名普通工人,他动情地讲述了出工伤的工友至今生活无法自理的现状,领导关怀备至并且组织员工募捐的善举。珍惜生命,好好工作就是为了好好活着。虽然他的语言没有刘苏深刻、表达能力不及她自如,但这份真实和质朴的情感打动了在场的所有人。每个人工作的意义都是为了生存,为了让生活更美好。

第26杯 记好流水账，管好保险箱

企业文化建设在企业管理中也起到了一定的积极作用，生产车间连续好几个月都是零事故率。

工人们是安全了，可一向小心谨慎的财务部却出了件大事。很久没出状况的郁芳这一回犯了大忌——保险箱钥匙丢了！

在企业所拥有的资产中，现金的流动性最强。尽管其在企业资产总额中所占比重不大，但因其特殊性，最容易被经管人员挪用和侵吞。所以，企业现金首先是企业交易性的需要，建立和健全良好的现金内部控制制度，具体可细分为收款内部控制、付款内部控制和零用现金内部控制，以应对企业的日常业务开支，包括材料采购、工资的支付、各种零星费用的开支、税金的缴纳等；其次要及时提供企业预防性需要的现金。经营风险较大和经营状况不稳定的企业，现金需要量通常难以准确预测，因此企业必须持有一定的现金以备特定需要之用。

现金收入的内部控制是指在现金流入企业这个环节对现金采取的控制措施。企业的收入来源主要为现金销售、赊销收回和其他应收款项结算。现金收入的内部控制主要包括以下几个方面：职权和责任要分开。签发收款凭证与收款的职责应当由两个经手人分工办理，现金总账和日记账的登记工作也应由两人分工协作。也就是说，在一个有效的内部控制制度中，不允许有单独一人自始至终地操纵和处理一笔业务的全过程，也不允许经管现金的人员兼管现金账册。例如在销售商品时，一般由销售部门的业务人员填制发票和收据，由出纳人员据以收款，会计人员登记入账。

建立发票和收据的领发存和销号制度。设置发票和收据领用存登记簿，并设专人保管，领用时须有领用人签收领用数量和起讫编号。使用完毕，发票和收据应由保管人收回，回收时要销号，即按票据的编号、金额逐张核对注销，以便确保已开出的收据无一遗漏地收到款项。作废的票据应全联粘贴在存根上，并加盖"作废"图章，按规定手续办理收款业务。

　　一切现金收入都应无一例外地开具收款收据,以分清彼此职责。此外,一切现金收款都必须当天入账,如果是库存现金尽可能当天存入银行,不能当天存入银行的,应于次日上午送存银行,不得从本企业的库存现金收入中直接支付(即坐支)。

　　企业现金支付的途径有很多,如货款的支付、税款的支付、往来款项的结算等。而现金付款的内部控制制度主要是保证不支付任何未经主管人员批准的付款凭证。

　　职权和责任要分开,也就是说钱和账必须由不同的专员负责。采购、出纳、记账工作应分别由不同的经办人员负责,不能一人兼管。填写付款单据、签发支票或支付现金,也要分工办理,分工负责,互相监督。刘苏和郁芳的分工合作就是为了互相监督,以免有舞弊现象发生。

　　零用现金是指企业生产过程中的那些零星小额的不便于使用支票而需要直接支付库存现金的日常开支。如日常办公用品的采购、小额的医药费和差旅费的开支等。零用现金的控制,主要采取备用金制度,主要包括以下几个方面:核定适当的备用金限额,并设专人负责管理;按规定的用途使用备用金;加强报销凭证的核实和审查工作;清查小组要定期或不定期地对备用金进行清查核对,以保证零用现金的安全、完整。

　　当日,仓库处理了一批废料。因为金额不大,所以买家直接把现金交到财务部交换了收据。金额不差,可是保险箱的钥匙给弄丢了。要么换一只保险箱,要么就把这只保险箱锯开,谁叫现在的保险箱保险系数高呢!郁芳有些不好意思,将现金锁进抽屉,向陈默请示该如何处理。

　　陈默对于郁芳引起的突发事件习以为常,不过丢保险箱钥匙这件事还真是头一遭。尼基正好路过,耸耸肩膀:"木已成舟,为什么不把每笔钱都存进银行呢?这样一来,所有的现金收入都有证可循。不管金额大小,

第 26 杯　记好流水账，管好保险箱

都可以在银行账单上找到我们的每一笔收入。保险箱可以用来存放重要资料，从今往后员工的报销一律使用 pos 机刷卡支付或者与人事部商议每月发薪日打入工资卡。郁芳，你必须学会解决问题，而不是被问题困扰，最终影响到自己的主要工作，甚至丢了最重要的武器。至于国内付款，我们需要问问总经理的意思，用网银岂不是更快捷？这么大的业务量，把我们的郁芳都忙晕了。"

尼基居然在帮郁芳说话，太不可思议了！能够从员工角度看问题，急员工所急，忧员工所忧。老尼并不精通会计的具体技能，他的方法听起来似乎是个很笨的法子，工作量只会有增无减，但他教会了下属如何解决问题。当日，郁芳带着几笔现金收入去了银行。在钥匙没有找到之前，银行比抽屉要保险得多。

次日，郁芳找到了保险箱钥匙，它只是调皮地和她开了个小小玩笑。

★ 第 26 块方糖 ★

躲猫猫的游戏不好玩，老板这次没怪罪不代表你做得对，丢盔弃甲的士兵就是逃兵。重振士气，保持警醒，提高工作效率是关键！

第27杯

SOP——工作指南白皮书

很久没见黎柏一了,刘苏从工作狂的状态中将自己解放出来,头脑开始放空。眼前出现了很多年前的一个圣诞夜他们在麦当劳和一群穿着奇装异服的外国友人一起唱歌的情景,那时的他们阳光美好。节日就是为商机服务的,刘苏狠狠点了一份全家桶,用玉米棒槌打鸡块,心想:黎柏一这个臭小子居然一点都不懂得浪漫,也不找个西餐厅共享烛光晚餐。

黎柏一是个斯文中带着狡黠的年轻男子,他会在女友面前装酷,与老外们聊着异国文化,也会捧着冰激凌佯装一副焦急的模样,让刘苏赶紧消灭它:"快点,宝贝,趁热吃,冷了就不好吃了!"原本拉长了脸的刘苏顿时乐开了花,黎柏一就是典型的双子座——两面派!

多年的异地恋,到底是怎么坚持的呢?黎柏一很早就出来打工赚钱了,不在学校就是在去酒吧打工的路上。他很珍惜每一次与刘苏见面的机会,会花很多钱买电话卡为移动事业做贡献,自然还有铁路事业。和谐社会中的琉璃(刘黎)之恋一不留神存续了六七年!

同学会上被问起"七年之痒"的老套问题,黎柏一酷酷地答道:"我追她可费了不少劲,成功就是把简单的事情做对一千遍。只要我们俩在一个城市的时候,每天送她回家,一起温书,一起打篮球,一起看电影。你把坐在单车后座上的女生视为每天必须看到的伴侣,天天为她做一件小事,并且把每件小事当做习惯去做，足以让她感动一辈子。也许我只是给她顺道买了一包豆浆和两个菜包子，哈哈！"

"讨厌，本来听着感动地要落泪。你提豆浆和菜包子干吗？真扫兴！"刘苏露出难得的娇嗔模样，惹得同窗好友笑得直不起腰来。

"刘姥姥，您还是让咱们瞅着本尊模样吃饭吧，你俩腻味得真叫人吃不下饭！"刘苏的外号叫刘姥姥，20多岁的姑娘长着一副中学生的脸，由此获得"天山童姥"的美名。

午餐后，刘苏实在提不起精神干活，冲了杯即溶咖啡。很久没人送她回家，给她送热豆浆和热包子了。不过每晚加班到七八点钟，黎柏一也有自己的私生活，没有必要围着她转。刘苏在爱情方面是个白痴，她不明白女孩子偶尔装装弱会显得很可爱。此时的黎柏一在做什么呢？哎，怎么越想到他越晕乎呢？要振作！头悬梁锥刺股的酷刑不适合姑娘自虐，她连喝两杯咖啡，开始作战。

有精神的姑娘们则抱成一团，捧着《VOA慢速英语》开始自组"英语角"练口语。财务部是古德最有活力的地方，每个人都很好学、上进，这种硝烟味是明刀明枪的武斗。学习比竞争对手更高级别的技能，你才能不被别人淘汰，甚至可以把对方远远甩在后面。用尼基的话来说，"良性竞争是很值得推崇的"。

财务部对整个公司来说，起着举足轻重的作用，只是大家平时容易被寂静无声的表象所蒙蔽，常常忽略了这个无声的禁地。尼基带领大家重新找到了"工作的意义"：如果你开始享受做一件事的过程，那么就把它做到精熟，你会因为做好了这件事而变得信心百倍！这样一来，你做其他事情也会充满了希望。连郁芳都一改以往消极拖沓的作风，变得充满自信，工作起来如鱼得水，得心应手。遇到一个好老板，把活儿干得漂亮，你就是幸运的好员工！

刘苏此刻的状态却是个例外。有时候，尼基看到她失魂落魄的模样，会旁敲侧击地用"削足适履"的成语故事提醒她：每个人关注的不仅仅只有工作、家庭、情感，甚至性。我们的生活是由很多部分组成的，如果一部分出现了病毒，势必会影响另一部分。我不知道你最近遇到了什么事情，但是不要做那个削掉自己脚后跟去适应鞋子尺码的蠢人。我也不需要知道你会怎么解决你的问题，但是我知道你很聪明，能够用自己的方法去解决。

尼基的话里有潜台词：刘苏，你分心了！正值适婚年龄，是不是在情感归属方面有些迷茫，或是家庭突然发生变故，抑或是对目前工作现状的不满。有些时候，我们不可能完全如意地在正确的时间挑选到正确的人，顺理成章地恋爱、结婚、生子。也不太可能一开始就能找到又重要又体面的工作，或许你要被动地接受一些工作安排，比如去仓库数螺丝钉和螺帽（盘点需要）。这时候要清楚地告诫自己：不要让自己降低标准去适应工作，而应按自己的才华提升工作标准，不要干削足适履的傻事。错误的梯子靠在错误的墙上，等到你气喘吁吁地爬到城墙上，必定会捶胸顿足。人之所以痛苦，在于追求了错误的事物。在环境没有选择、无法改变时，至少有一点还是可以选择改变的：选择自己是否用积极的心态投入享受还是用消极的心态被动地受折磨。还有一点很重要，不要因为自己现在的工作不称心，与最初的梦想渐行渐远就不再努力向前。

"你的目标是什么？你想成为什么样的人？"尼基突然问刘苏。

刘苏沉默。这也是她近期一直在思考的问题，连自己都没有找到答案，如何回答呢？

不过，这个问题也引发了小妮子无限的遐想。是不是最近自己的状态不佳，老爷子要拿自己开刀？金融危机，不差自己这只饭碗吧。

其实，刘苏多虑了。尼基这么问，只是在提醒她：这个世界并非平衡，你的生活若不均衡，就必须先学会处理好自己的生活，制定一些规则，让它们变得井然有序一些，然后再去处理世界。对于未婚的奋斗青年而言，你的世界几乎就是整个办公室，做这个"世界"最出色的人并非易事。做

第27杯 SOP——工作指南白皮书

一名好会计,还需要有活跃的思维和充足的精力,以及忍耐力。恰好,你都拥有,那就按照给自己制订好的执行计划加油充电吧!

关于梦想,思考一下去年你为自己定下的目标,今年是否都实现了?

谎言重复一千遍就变成了真理,小事做对一千遍就变成了不简单的成功。企业是有血有肉的生命体,经不起瞎折腾。它也会闹情绪、会生病,当你不停地灌输错误的营养液,用错误的流程给它治病,它只会在你错误的管理下奄奄一息。美国人喜欢用SOP(标准化操作流程)让企业人养成良好的习惯,从头至尾,每个人都知道自己该做什么、怎么做。好习惯一旦形成,就极具稳定性。一个好习惯,无论其大小,带来的影响将是巨大的。人的惰性并非与生俱来,因为缺乏明确目标和因目标而设定的练习,从而纵容自己不断地堕落下去。

且看刘苏一年前的日记:

××××年××月××日 晴

人一过了30岁,留下的只有习惯。而习惯是你是否实现梦想的保证,在30岁之前,我有很多目标。

工作学习的目标:重新梳理财务工作

健康目标:身心健康

理财目标:年底有一笔存款,可以给家人买新年礼物

家庭生活目标:每年至少外出旅行一次

其他梦想:提高英语听说能力和摄影技能

为了实现这些梦想,我正在培养以下五个习惯:

第一个习惯:养成勤写日记的习惯(工作、理财、健康方面)

第二个习惯:坚持运动,瑜伽和步行

第三个习惯:养成每日吃早餐的习惯,豆浆配早点

第四个习惯:每日阅读英语至少半小时,学会用英文描述复杂的数

据，每周坚持写一篇英语短文

第五个习惯：拍下每天印象最深刻的事物，用相机记录生活

打开本子，满满的日程。闭目，一切都是浮云。为什么每天会有那么多事情要做呢？该从哪一件开始？先做哪一个、后做哪一个？有没有可以同时进行的事件？

日程表：

07:00—07:30　洗漱、吃早餐（每日不同，但必须吃）

07:30—08:30　上班途中，听 MP3 里的《疯狂英语》（每日更新）

08:30—11:30　工作时间（周末可安排会友、做美食慰劳自己）

11:30—13:00　午休

13:00—17:30　工作时间（周末可安排瑜伽、游泳、步行等运动）

17:30—18:30　下班途中，听 MP3 里的《疯狂英语》

18:30—19:30　晚餐

19:30—20:30　散步（步行时学会放空）

20:30—10:30　研读会计学和学习 EXCEL

10:30—11:00　写一篇日记，或看一本枕边书，或做一次面膜之后，睡觉

小贴士：

（1）保证充足的睡眠。

（2）加紧财政控制。税后工资是 2K，开销大，但必须保证每月 500 元定存、500 元基金的理财目标。

（3）有钱好办事，凡是钱能解决的问题统统不是问题。对于初入职场的年轻人来说，有了每年 6 千的积蓄足够买礼物和支付一次旅行的费用。至于基金分红，可以进行再投资。

如此练习，我相信有朝一日自己也能成为口语流利的专业人士。工作上若也能找准每个关键点，流程顺了，协作起来也更加便捷。如果你知道一家公司是如何运营的，并且知道老板需要你做什么，也知道该怎么做，你自然会明白。

以生活目标为例纯属抛砖引玉，上述五个习惯就是对应目标应运而生的。而日程表就是SOP，对刘苏的习惯进行调整，极具指导意义。不过，对于工厂而言，SOP要比这张简单的日程表复杂得多，通常几个岗位的描述内容几乎就可以写一本书。

说了半天，究竟什么是SOP？

SOP即Standard Operating Process：标准操作程序。

SOP的精髓，就是将细节进行量化，用更通俗的话来说，SOP就是对某一程序中的关键控制点进行细化和量化。从对SOP的上述基本界定来看，SOP具有以下一些内在的特征：

(1) SOP是一种程序。

(2) SOP是对一个过程的描述，而不是对一个结果的描述。

(3) SOP不是制度，也不是表单，是流程下面某个程序中关于控制点如何来规范的程序。

总体上，每个月账务的处理程序需要三个步骤：

(1) 根据原始凭证填制记账凭证。

(2) 根据记账凭证登记账簿。

(3) 根据账簿编制会计报表。

平时的账务处理是这样的：做凭证—记账—记明细账—汇总—记总账。工作量大的，每个月要汇总很多次，每个月必做的凭证是计提固定资产的累计折旧、分配工资，到了月末，总账要跟明细账、日记账对账，做成本的结转、利润的结转，发现错误及时更正，最后结账、做报表，一个月的工作就结束了,以后便是周而复始的流程了。到了年底,还要汇算清缴,这些是税务上的事情。

财务部的 SOP 会细致到每项差旅费的报销标准、每个步骤的负责人及协调人、每个员工的权限、各项书文和表格。有些正规的外企单单一个职位就能编成一本小册子,这里就不再赘述了。

★ 第 27 块方糖 ★

什么是不简单?把最简单的事情按正确的操作规范做它一千遍,下意识地将每一件小事当做习惯去执行。

——张瑞敏

第 28 杯

巧用电子邮件,提升沟通效果

工作状态有了一些微妙的变化,时好时坏,兴许跟情感有关。当你渐渐追赶不上一个人的步伐,就假装迷路吧。保持一致的速度,才能并肩前行。黎柏一的起点比刘苏高得多,你追我赶的日子也比普通人长久。渐渐地,差距越来越大;渐渐地,他们很少见面,很少交谈。

恋爱不是纸上谈兵,情感是个复杂的 N 元方程式,变数太多。坚持到底除了需要意志力,还需要更多的沟通技巧,年轻气盛的他们未必愿意放低姿态去听听彼此的心声。

工作技巧却相对容易得多,忘了提一个外企很重要的特色:中西合璧的口语,纸上谈兵的书面语。

电子邮件真是个好东西,对于像刘苏这样内向却富有很多想法的年轻职员,它确实能给工作加分。

为什么这么说呢?财务人员的绩效无从考核,因为会计不能给公司带来直接利益。老板凭什么认可你?

尼基是华人,总是用夹杂着英文的变调中文或者含糊不清的怪味英文跟大家交流。看着他友善的表情,大家也很有耐性地抓全句的主旨并且用同样的方式进行对话,听起来很像做作的 ABC(国外长大的中国人),多少有些矫情。但这是很多外企无法避免的"潜规则"——Focus on the expression of your boss and follow！（跟你的老板保持同一腔调！）刘苏的英文口语比较薄弱，但对于受过高等教育的大学生来说，有一定的读写能力就够了。加上刘同学的性格没那么张扬，除了直接上司陈默认可她的工作能力，尼基很难直观看出她的专业水平，顶多算得上是个认真勤奋的员工。在等级分明的企业，想出人头地但又不希望自己被视为过分张扬的花蝴蝶，电子邮件此时发挥出了强有力的优势来掩盖表现力的不足。

有一次，尼基需要一个报表，刘苏口述说不清。善解人意的总监此刻散发出人性的光辉：别急，发邮件给我解释这个数据！

唰唰唰，刘姑娘花了半小时火速完成一张EXCEL报表，检查了一遍，并在重要的数据上做好批注以解释数据来源，在复杂的数据上再设置一个超链接（因为一两句说不清道不明，不如用图表或者数据说话，简洁明了，领导能立刻找到支持该数据的附表）。点击发送前，收件人是尼基，密送了一份给陈默，毕竟直系上司是财务经理，他有知情权，但又不好大张旗鼓地将其放置在尼基的后面或者抄送人一栏。也许尼基并不希望陈默知道，多头领导之下的员工也必须多个心眼，把事情做到位，上头的人省心也开心。所以，和谐办公室的前提就是领导们建立统一战线。否则一山容不下二虎，头头们闹矛盾，背黑锅的往往就是倒霉的员工。

此外，不必担心自己的英文不过关，报表注释的英文就如同商场里双语注释的"厕所"标牌，闭着眼睛都知道Toilet是什么意思。这是常识，即使不会完整拼写，也能利用强大的金山词霸对于专业术语进行英文搜索。你只需要懂得"复制"加"粘贴"的基础计算机应用技能，就能把活儿干得漂亮。少说多做，老板准保爱你没商量。

午休时间，朋友打来电话跟刘苏发牢骚。原来是跟上司闹情绪，头头丢给她一个没有明确方向和主题的任务，事后批评她的创意策划做得越来越糟糕，工作态度也不如以前好。如果Staff（职员）能做Manager（经理）的工作，无头苍蝇乱撞的现象也不会发生，但是教会徒弟饿死师傅的戏码

第28杯 巧用电子邮件，提升沟通效果

会上演。职员层面能理解领导层的意图是分内工作，但如果能 Cover（覆盖、替代）他／她的工作，那你几乎就可以踢走你的头头，自己占山为王了。这就显现出老板会不会扮演老板这个角色的重要性了。你的头头既要让你服从，又要让你乖乖地服从，这不是普通人能做到的。大家智商都大差不离，你凭啥要听人差遣？

铁一般的纪律在外企就如同军令于部队，一支散兵游勇的队伍绝不能冲进行业 500 强。领军人物的首要职责就是指挥与控制，一个好的领导知道怎么操控底下的员工，懂得如何将他们管制得服服帖帖。而优秀的员工除了在规定时间高效完成任务、偶尔拍个马屁之外，大部分时间都在 Update（更新）手头的工作，因为领导在邮件中不会像你一样长篇大论地做报告，只需要告诉你 "Follow up and report timely"（继续跟进、及时报告），事无巨细的工作就能让你忙活上一整天、一整月、一整年。

朋友继续抱怨：老板指责她脾气差、待人不公，这让她很气愤，自己的亲信加班一天只完成整个活动的第一部分，而她用同样的时间做出了四份活动策划案，条理清晰，语言简练有力。老板非但没有夸赞她，还在鸡蛋里头挑骨头，认为她没有和客户进行有效沟通，反倒责怪领导没有给出建设性意见。

事实上，领导确实不需要给出任何建设性意见，手指哪儿，你的枪就得打哪儿。为什么有的员工做了一阵子，甚至才几个月就倍感疲惫，因为老板的手指使用频率过高。

刘苏叹了一口气，尼基和陈默都属于那种会放权给下属的领导，他们只需要你给出结果，达到既定目标就行。至于怎么达到的，并不过问细节和方法。找到一份好工作的前提条件之一，就是遇到好老板。所以工作了这么久，虽然也有失去激情的时候，自认为干得不比别人少，付出与回报总不成正比，但个人发展的大方向上是明确的，初出茅庐不应计较薪酬多少和工作量多寡，所以少有抱怨。

如果说抱怨和疲惫，那只能怪自己气场太弱，总是被销售部的老狐狸们和趾高气扬的小助理们要得团团转。每回都要等到他们有时间回复邮件，她才能完成自己的工作。什么都要等、等、等，太被动了。如何化被动为主动？

尼基亲口传授秘诀："发邮件时CC（抄送）给对方的老板，一来表明你职责已尽，倘若对方不回应耽误了工作，错不在你，反正有书面证明；二来借力打力，用太极拳把压力推出去，对方知道你也不是省油的灯，会适当利用权势Push（推动、催促）他／她，以后自然不敢小瞧你。柿子都挑软的捏，你已经是有一两年工作经验的会计了，是时候该表现出Tough(强势)的一面了。"好家伙，尼基果然入乡随俗，连太极都运用自如。

> ★ 第28块方糖 ★
>
> 遇到一个好老板，职场修到好福气！学会有条不紊地用你的方式向他表达你的想法。

第 29 杯

数字弹性

说到最强势的自然应该是职位最高的人物。财务风险管理并非孤立的管理领域,约翰的职位虽然比尼基高,但他敬重尼基能对多变的商业环境做出有效的回应,帮助自己将财务弹性纳入到公司的整体战略中去。

古德公司是一家生产型的实业工厂,部分产品远销海外,但由此获得的收入却从未超过总销售额的三分之一。因此,古德也就不太重视外汇风险。近几个月,销售额不断下滑,利润表上的数目让股东们唏嘘不已。约翰和尼基曾经在市场竞争力和财务风险的根源问题上发生争执。约翰认为中国原本低廉的劳动力成本现在不断增长是关键,坚持要裁员;而尼基则认为人民币的低估才是症结所在。事实上,两者互有联系,对公司来说可能都非常重要。

从成本控制角度看,古德公司十分爱护自己的员工,裁掉大部分工人,可能会让留下的员工士气不振,所以此法行不通。停掉生产线,可以控制损失,但无法给企业带来未来的利益。

环保材料产业在国际市场属于朝阳行业,就连最先进的工业国家德国都还在摸索阶段。中国拥有天时地利的自然环境和低廉的劳动力,古德当初在中国设厂正是考察了这些有利因素。但近两年内,人民币升值百分之三十左右,未来不同汇率情况对海外及国内市场业务的冲击力不小。要了解这类重大财务和经营问题,需要对财务风险管理策略有深刻的理解。同样,这也说明了财务弹性的重要性。大型企业对外汇风险对冲已经习以为常了。对冲的过程通常是先用恰当的方法量化风险水平,然后用运营和融资策略相结合的方式来减轻风险。运用公式已经无法计算出准确的数字,只能通过管理进行宏观调控。

尼基为约翰献计:政府向来支持高新技术发展,倘若向政府申请补助,或者由政府出面担保,向银行借入外汇,就可以拥有足够的资金保证正常生产。赚的是人民币,还的是外币。所以,最好的办法是按兵不动,维持经营原状,便可收获外汇调整带来的利益。除此之外,还可以与银行签订一些外汇远期合约,保障古德能在有弹性的货币资金市场中扭转劣势局面。至于控制成本方面,他也十分同意约翰的观点,人工成本确实在增加。物价飞涨,猪肉都比唐僧肉精贵了,谁愿意做亏本的买卖?若想不失民心,削减员工工资并非明智之举,不妨考虑更换几个更有价格竞争力的供应商,虽然这会让公司部分人失利,但采购成本相对来说比较容易控制。而自己部门也会根据实际情况做出最有利的财务调整,因为操纵财务数字对专业财务人员来说不是一件十分困难的事。财务报表里的折旧、预提、分摊、递延、减值准备等都存在人为的假设和判断。通过合理调账的方式可以将企业的不利因素化为有利,如把费用的分类从一个项目转移到另一个项目,根据市场的变化情况,合理地调整存货的减值准备。技巧有很多种,走边边的风险就在于,你必须知道手中的弹簧有多大的弹性。财务与其他部门不同,灰色地带有很多,一旦出了问题是最致命的。

老尼这一招妙不可言,将风险问题分流,更换供应商的难题压在一向嚣张的采购部头顶,海龟此时估计应该正泡在水里减压。财务部则接下圣旨做好自己部门的内控和调整即可,陈默负责账务调整,章钰从旁协助,而老尼则继续和老朋友 ABC 银行洽谈外汇事宜。

中国人的饮食文化源远流长,连业务通常都是在饭桌上搞定的。老 K

不负众望，请来了最有拍板权的领导一起共进晚餐。

晚宴进行了四个钟头，此处省略1 000字。

呵呵，开个玩笑。ABC银行颇有政治思维，一向支持古德的项目，看中的是长期利益。另外，从人格魅力上说，性格相似的人容易惺惺相惜，老K的领导尤其赞赏尼基的经营管理理念和策略谋划能力，所以谈判非常顺利。

只有一个姑娘不太顺，谎称家中有事，推掉了饭局之后的K歌环节，落荒而逃。一个人坐在空旷的广场长椅上发呆。

不用猜，逃跑的姑娘就是刘苏。最近，情绪波动很大的正是这个小妮子。如果能像章钰一样，懂得理性思考，兴许她会更出色。

话说落跑的那晚发生了一些惊心动魄的事儿。

微醺，刘苏耷拉着脑袋，坐着醒酒，依稀感觉有人很粗鲁地推了推她："你！干什么的？"

抬起头，只见一个看不清模样的男人凑近了她，这突然放大的猪头脸着实让她清醒了。

"你是做什么的？"刘苏觉得纳闷，市民广场难道还收费不成？

"我是警察！"来人的口气不小，义正词严地要检查刘苏的身份证。

从不惹事但绝不怕事的刘苏站起来质问那男人："我怎么知道你是不是警察，你先把证件拿出来！"

这一站不要紧，两人之间的距离近了，刘苏闻到了对方身上同自己一样，弥散着酒气。心想，坏了，倘若他不是真警察，周围连一个救兵都没有，该如何脱身？醉汉不好惹，万一惹毛了他，明日报纸上可能就会刊登出一则无名女尸的认领启事。先用缓兵之计拖延时间，刘苏趁他手忙脚乱在自己口袋里摸证件的时候，快速扫描着四周有灯光和生命迹象的地方。

男人花了五分钟才找到自己的证件，是警察证没错。但这年头，造假的比打假的多得多，谁信证件！

急中生智，刘苏从包里翻出工作证，上面有她的照片，反正形状都差不多，先糊弄一下。

男人醉得挺厉害，愣是没看出真假，眯着眼睛端详，对着照片打量刘苏。突然嘴一咧，神秘一笑："原来是个小美女啊！大半夜的，你怎么一个人坐在这里？很危险的哦！跟我走，去派出所！"

"先生，请你把证件还给我！"刘苏只想赶紧离开。

孰料男人突然对着证件猛亲，拉着刘苏不放。嚷着要把美女送去派出所，那里安全。谁知道酒店的房间会不会更安全一些呢？只要被拉走，刘苏就成了板上的肉任人宰割了。起码在广场上，偶有夜行者，即使是歹徒也会有所顾忌，所以相对安全一些。

纠缠了十分钟，醉鬼的力气很大，挣脱不开。谨慎的刘苏连思考的时间都省略了，工作证丢了可以补，幸亏没拿身份证给这个酒鬼。管他是不是真警察，走为上策！使出拳打黎柏一的力道对着他的眼睛就是一击，脚下也没闲着，模仿佛山无影脚给他做个泰式按摩。估计那人的脚都快被踩烂了，痛得直嚷嚷。

好机会，刘苏快跑！

风火轮的速度也敌不过刘苏逃跑的步伐。跑出50米，隐约看见又有一个男人正向他们跑来，坏了，不会是同伙吧？对付一个已经很勉强，怎么从两只狼的口中脱险？

刘苏突然慌了神，怎么都挪不开步子。这个男子看起来更加年轻一些，他大喊一声："你没事吧？发生什么事啦？"

不像是同伙，否则早就扑过来抓捕刘苏了。

"没事，那个人说自己是警察，要搜我的证件。我给他看了，他不仅不还给我，还要送我去派出所。所以我踩了他，跑了。"刘苏指着身后那个抱着脚的痛苦男人，有些语无伦次地叙述着突然发生的事件。

不妙，那人晃晃悠悠地追过来了。

第29杯 数字弹性

"别怕,你先找个有人的地方。前面正好有个派出所,你往那个方向去。剩下的事情,我来处理。"年轻男子很镇定地告诉刘苏如何面对危机,这让她心里很暖。

派出所就在距离广场不到 100 米的地方,刘苏坐在大厅里跟值班警察描述了刚才发生的事件。

怦怦怦……刘苏几乎能听到自己杂乱无章的心跳声。

★ 第 29 块方糖 ★

弹簧如果使用得太频繁,总有一天会超出最大弹性限度。同样的道理,弦绷得太紧,也容易断。

第30杯

盈亏平衡点的取舍之道

五分钟后,年轻男子和醉汉一同走进来。

原来,酒鬼真的是警察,而且很巧的是,他就是这个派出所的。灯光下,刘苏才看清,这位警察原来是个满脸横肉的中年男人。男子要求私了,不会状告刘苏袭警。毕竟出了这么大的丑事,自己在单位也抬不起头,所以请刘姑娘手下留情。男人满脸通红地道了歉,不知是酒精的作用,还是过于羞愧。

年轻男人也发话了:"刚才和这位警官聊了会儿,他确实醉得太厉害了,并没有侵犯之意。得饶人处且饶人吧!既然人家道了歉,咱也别太过分。"这话刘苏赞成。

两人走出派出所,握手道别。

"多谢!如果没有你帮忙,我还真不知道怎么办,只能当个逃兵。"刘苏望着男子清秀的脸,有些不好意思。

并肩走了一段,影子被拉得老长,刘苏真希望时间能停留,至少有人在陪自己说话、谈心,不会那么孤单无助。

"没事,我还担心你会一直追究呢。如果咬住不放,可能会对咱们不利。毕竟那个警官是派出所的人,官场上同流合污的事情多了去了。再说,广场上没有摄像头拍到整个过程。我也是事发后才出现的,所以很难做在场

第30杯 盈亏平衡点的取舍之道

证明。你是个懂得取舍的姑娘，很有分寸。有空可以一起饮茶！"男子把刘苏送上出租车，留下电话号码便离开了。

刘苏心有余悸，兴许有必要学点拳脚功夫。哪天遇到真歹徒，也能虎口脱险。中山路上新开了间健身房，她决定去看看有没有跆拳道的课程可以报。

路过瑜伽教室，她看见一个熟悉的身影。

章钰的动作很到位，神情淡然，漂亮的身段在瑜伽服的衬托下一展无疑。

瑜伽讲究的是平衡和冥想，不仅可以预防颈椎病，调整形体，还能减压，不妨就报瑜伽吧。大不了遇到歹徒，以柔克刚，呵呵。

刘苏不介意与章钰狭路相逢，办公室和健身房都能碰到实属缘分。平衡与同事之间的微妙关系，亦敌亦友，很有挑战性。

中场休息时间，刘苏主动和章钰打了个招呼。冰美人儿一点儿也不觉得意外，反倒和她聊起了天。章钰擦了擦汗，说起自己练习瑜伽的初衷，居然也是为了减压。虽然没有过多地讨论工作话题，但刘苏也能猜出七八分。尼基为了产量目标问题一直在和约翰争论，陈默只是个财务经理，也不想惹出事非，只能派章钰盯着销售部和生产部的动静。谁喜欢做事的时候，有个监工呢？章钰只能恶人做到底，继续扮演这个不讨好的角色。事实上，章钰的大部分工作几乎取代了简。简不过是煮煮咖啡，做做会议纪要的小秘书，章钰才是忍辱负重的总监助理，只是少了个名分而已。

瑜伽教室舒心的氛围让两人完全忘记了之前因为办公室恩怨引发的争执，就像那天在必胜客喝下午茶一样，只是两个女孩之间的聊天。办公室友情有时候真奇妙，两个人看似水火不容，实际却惺惺相惜；两个人看似形影不离，实际却背后插刀。明刀明枪总比暗箭容易防，私底下，章钰很喜欢刘苏，这是真心话。如何平衡好与竞争对手的关系，既要避免下手太重杀死对手，又要提防对方保证势均力敌，这需要绝佳的情商和智商。

说到平衡之道，次日下午尼基便召集部门员工开会，讨论成本事宜。

盈亏平衡点（Break Even Point，简称BEP）又称零利润点、保本点、盈亏临界点、损益分歧点、收益转折点。通常是指全部销售收入等于全部成本时（销售收入线与总成本线的交点）的产量。以盈亏平衡点为界限，当销售收入高于盈亏平衡点时企业盈利，反之，企业就亏损。盈亏平衡点可以用销售量来表示，即盈亏平衡点的销售量；也可以用销售额来表示，即盈亏平衡点的销售额。

对应利润表来看（表14）：

表14 利润表

编制单位：古德公司　　　　　　　　　　　　　日期：××××年××月××日

项目	行次	本月数	本年数
一、主营业务收入			
其中：出口产品（商品）销售收入			
减：主营业务成本			
其中：出口产品（商品）销售成本			
二、主营业务利润（亏损以"-"填列）			
加：其他业务利润（亏损以"-"填列）			
减：销售费用			
管理费用			
财务费用			
其中：利息支出（减利息收入）			
汇兑损失（减汇兑收益）			
三、营业利润（亏损以"-"填列）			
加：投资收益（亏损以"-"填列）			
补贴收入			
营业外收入			

续表

项目	行次	本月数	本年数
减：营业外支出			
四、利润总额（亏损以"-"填列）			
减：所得税			
*少数股东损益			
加：*未确认的投资损失（以"+"填列）			
五、净利润（亏损以"-"填列）			

注：表中带*号科目为合并会计报表专用。

这张表格按照顺序分别列出了主营业务收入、主营业务成本、期间费用和利润。

$$收入 - 费用 = 利润$$

但上述公式并非说明收入越高，利润就会越高。假如古德为了增加销售收入，生产车间势必忙得热火朝天。目前，环保材料在国际市场上的需求并不占优势，还属于试验期。销售单价上不去，只能以量取胜。约翰要求本月必须百分百完成生产计划，达不到指标就停产，大家就得统统回家种地插秧。车间一时间怨声载道，大骂约翰惨无人道。而尼基却投了反对票：产量增加，费用也会相应地增加。谁能保证一定会盈利呢？

假设：古德公司刚刚研发出的新产品销售单价为200元，销售量为20 000件，单位变动成本为40元（单件产品需要30元材料费+10元直接人工成本）。

约翰有些心急："我至少需要卖出多少货才能保证不赔钱？若赚不了，何必花钱创新呢？"

尼基不紧不慢地在白板上计算着：

企业产品月销售额 = 销售单价 × 销售量 = 200 × 2万 = 400万（元）

看起来不少！

计算每月必要的支出及固定成本。即使不生产1件产品，表15所列费用约翰先生也必须从口袋里乖乖拿出来。

表15 固定费用（根据之前几个月的数据所得） 单位：千元

水电费	200
设备折旧费	10
机器维护费	10
管理人员工资	400
其他费用	80
固定费用合计	700

哇，这么多！

固定成本也称固定费用，是变动成本的对称，即公司效益太差停掉了生产线也不得不支付的那部分费用。它是指在业务量的一定变动幅度内，成本总额并不随之变动而保持相对稳定的那部分成本，如企业管理费用、销售费用以及车间生产管理人员工资、职工福利费、办公费、固定资产折旧费、修理费等。可以说，一定时期和一定业务量范围内，它并不受产量或者商品流转量影响。但当产品产量或商品流转量的变动超过一定的范围时，固定费用就会有所增减。所以，固定成本是一个相对固定的概念，我们称之为相对固定成本，这在前面有所提及。简言之，无论你生产不生产，每月固定支出都是必要费用。

在某一产量下，总成本就是变动成本和固定成本的总和。

$$产品总成本 = 变动成本 \times 产量 + 固定成本$$

我们可以得到这样的有效信息（表16）：

当产量为35 000件时，总成本就是：

$$40 \times 3.5万 + 70万 = 210万（元）$$

固定成本在一段特定期间不会随着产量而改变。

尼基放慢语速解释道："大家可以看到生产数量和总成本之间是一条

第30杯 盈亏平衡点的取舍之道

表16 总成本计算表

单位：元

项目 序号	产量（件）	单位变动成本	总变动成本	固定成本	总成本
1	0	40	0	700 000	700 000
2	10 000	40	400 000	700 000	1 100 000
3	15 000	40	600 000	700 000	1 300 000
4	20 000	40	800 000	700 000	1 500 000
5	25 000	40	1 000 000	700 000	1 700 000
6	30 000	40	1 200 000	700 000	1 900 000
7	35 000	40	1 400 000	700 000	2 100 000
8	40 000	40	1 600 000	700 000	2 300 000

直线。请注意，假如我们公司的销售员智商为零时，销售量即为零，因为卖不出一件产品。当然，这是一个非常抱歉的比方。在这一点之后，产量每增加1件，总成本就增加40元。因此，追加生产每单位的边际成本（marginal cost）就是40元。"

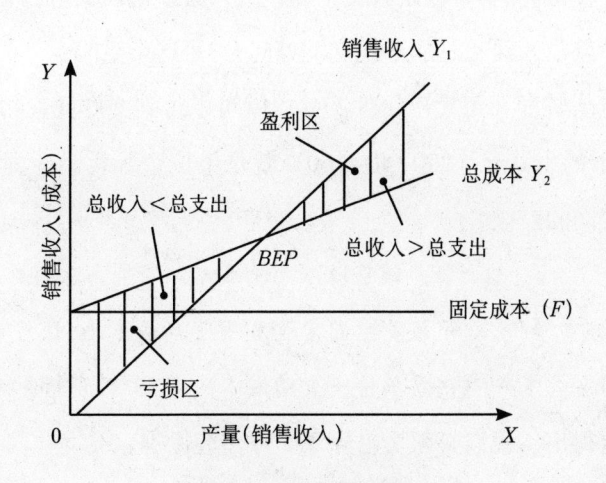

图4 盈亏平衡分析图

从图4可以看出，下半部分的固定成本是不变的部分，上半部分的变动成本根据产量成比例地增长,所以总成本看起来就好像一个倒在地上的梯形。

尼基很风趣地打比方说:"这看起来好像是个中暑的胖子,瞧他肚子大的,都爬不起来了。想要救他吗?美女们请放弃一些矜持,为他做人工呼吸吧!"

下面笑声一片。

"不行?呵呵,那该怎么办?"尼基喜欢互动频率高的会议。

在成本问题上,王琳最有发言权。

"根据销售部提供的订单总量2万件,我们的产品平均成本就是

$$210 万 \div 2 万 = 105 （元）$$

假设我们又接到5 000件的订单,古德还有充足的产能再生产这5 000件,因此也不会发生额外的固定成本,只要单价超过变动成本40元,反而有利于分担固定成本。"

刘苏:"怎么才能算是保本呢?"

王琳:"所谓保本,就是收支平衡,收入必须足以支付开销。"

刘苏指着收入线和总成本线交汇处问:"是这个点吗?"

王琳点头赞同:每卖出一件产品,就可以得到200元,扣除其他费用40元,剩下的160元(200-40=160)就是单位边际贡献,即销售价格和变动成本之间的差额。

$$销售收入 = 总成本$$

$$销售单价 \times 销售量 = 固定成本 + 变动成本 \times 销售量$$

销售量 = 固定成本 ÷ (销售单价 - 变动成本) = 70万 ÷ 160 = 4 375 (件)

由此可得出,我们必须卖出4 375件才能保本。

在销售量为4 375时:

$$销售收入 = 200 \times 4375 = 875000 （元）$$

变动成本为：

$$40 \times 4\,375 = 175\,000 \text{（元）}$$

利润表（表17）如下：

表17　净利润计算表　　　　　　　　　　　　　　单位：元

销售收入	875 000
变动成本	175 000
固定成本	700 000
息税前盈余	0
税	0
净利润	0

"当产量大于保本点的销售额时，我们就赚钱；反之，则赔钱。由此可得出，销售部和生产部门已经超额完成了任务。约翰先生是否也满意呢？我们的销量和产量大体上没问题的，至于是否超出过多，中国人有句成语叫做过犹不及，剩下的复杂问题就交给管理层们私下共同商榷。那个倒地的胖子开始有了一些呼吸哟！"尼基的葫芦里原来卖的是保心丸，他提供给大家一个崭新的思路。

净利润 =（销售收入 - 变动成本 - 固定成本）×（1- 税率）

当净利润为0时，税前净利润和税自然也都是0。从会计角度看，收益等于成本，自然没有应税所得额。因为这是一个新项目，所以自然没有考虑到利息费用。当收入＝总成本，我们正好达到保本点。开公司最重要的目标不是为了生产出标新立异的商品，而是为了盈利。最理想的状态自然是钱赚得越多越好，但对于金融危机下的中小型企业来说，能保本是最幸运的事情。

如果说刘苏和章钰是亦敌亦友的伙伴关系，那么约翰与尼基就好比"男主外、女主内"的搭档关系，一个在外面抛头露面、挥洒自如；一个在室内深居简出、精耕细作。但约翰相对来说是个强硬派，除了在公司大权在握、呼风唤雨之外，还将眼线安插到各个部门的重要位置，好让一切都尽在掌控之中。尼基如有不甘，便有逾越雷池之嫌，甚至祸起萧墙。财务总监在运营中更是时常被动，没有经营管理的实权。而老板总是嫌自己赚得太少，只会越来越不开心。最终，约翰看完由章钰辅助完成的盈亏平衡报告后妥协：尼基是对的。

晨会上一致通过下面的决议：一等品单价较高，二等品和三等品做多了只会亏本。所以在原有的生产计划上砍掉了一部分，质量部被要求把好关，争取一等品的数量达到以往的2.5倍，以取代二等品和三等品。

生产部门没有了加班，工人们只能靠基本工资和很少的加班费过活，大家都在埋怨财务部多管闲事。人事部发出通知：夏日炎热，考虑到大家的健康问题，七月会放大家一周高温假，请大家努力工作！

此时，约翰先生一转身，反倒从一副长着资本家嘴脸的剥削者变成了受万民拥戴的主子。只有明眼人知道，近期工作量逐步减少，把大家都安排在岗位上，只会劳民伤财，不如放假，减少开支。

★ 第30块方糖 ★

寻求平衡，绝非一朝一夕能做到的。在工作中放弃一些成见，听听别人的意见，改变思维，兴许会有不错的成效。在生活中学会取舍，也会有新的发现。

第 31 杯

数字背后的故事

经历了一些事件极其连锁反应，表面上万夫所指的财务部自然而然成了众矢之的，各部门抱怨尼基多管闲事、瞎操心。事实上，不管有多大的能耐，你永远只是老板手里的一颗棋子，被剥削是理所应当的。这一点，尼基很清楚。数字背后，是最高领导者权衡整个组织利益后的决策。

约翰一定是狮子座的，因为他对于权力着迷得很，一旦事情不受自己管控便浑身不自在。而尼基则不同，尼基喜欢放权给下属，他的信条是：用人不疑，疑人不用，职责分明，团结一致。

而对于财务部内部来说，王琳的工作阅历让低调的她在尼基心目中有了一定的地位，有好的培训机会都推荐她去参加，这让刘苏羡慕不已。如果哪天你有这样强的绝对竞争力，也可以得到老板的赏识和恩宠。平日由总监负责的一些事宜，也统统交代给新进员工，刘苏是受益者，虽然工作量比平时大了，但眼界也宽了，渐渐明白了每一个数字背后的意义。财务部所有出具的报告均由各岗位的会计们分工协作完成，尼基很轻松地就能完成交给约翰及董事会看的报告。

一日，办公室里掀起一股"明朝风"，明朝的皇帝们被大伙儿当八卦热议着。

"木匠皇帝"朱由校是个文盲,他的登位变成从天而降的大馅饼,砸在太监魏忠贤和奶妈客氏的头上,让这两人掌握了大权。不学无术的文盲皇帝英年早逝,崇祯皇帝朱由检粉墨登场。登基前不吃不喝怕中毒,清心寡欲怕陷入桃色陷阱(魏忠贤设下"温柔陷阱",将春药缝在宫女的腰带顶端,派小太监拿着迷魂香四处溜达,岂料这几招对崇祯都不管用)。崇祯是个狠角色,事必躬亲,完全像个内务总管,连自己的起居饮食都要亲自过问,不相信任何人,孤军奋战,排除异己,尤其是一手遮天的魏忠贤和客氏。魏忠贤毕竟是个太监,和天子斗的下场很惨淡,最终在流放途中自杀身亡。一个成功男人的背后必有一个女性,这一个半男人(指崇祯和魏忠贤,严格地说,魏忠贤只能算半个)的背后必定有个不太靠谱的女人。客氏企图掌管后宫,用美人计控制皇帝,没得逞反被关了禁闭,孤独终老。不过,这个事事需要亲自把关的谨慎皇帝活得也不够舒心,最后在景山上吊身亡,后事办得甚是凄凉。顺治上位,为得民心才将他葬在了十三陵。

可怜之人必有可恨之处,崇祯倘若能发掘几个心腹同仇敌忾,也不至于国破身亡。

从放权这件事来看,尼基虽说是个老外,对于中国历史还是有点自己的见解的,他不以财务部最高领导者自居,懂得集思广益,信任下属,怡然自得地当着大当家。从某种意义上来说,团队力量大于领导力量!

★ 第31块方糖 ★

数字背后,不是一个人,而是整个团队。

第32杯

在小吃店感悟结算流程

一日，尼基犒赏"五一国际劳动节"还在勤恳加班的良民们去吃日本料理。这是当地很有名的一家颇为正宗的日式料理店，堂内装修清雅却不失热闹，一座富士山的塑像被一列奔腾的小火车环绕着。长相清秀的服务生一律穿着和服，带着标志性的灿烂微笑引他们入座。一席人屏住呼吸，轻飘飘地踩着猫步，生怕破坏了良辰美景的仙气儿。

日本人一板一眼和情感细腻的性格自然也体现在食物上，别看这家店面不大，却远近闻名，食客络绎不绝。鳗鱼寿司一小份、三文鱼寿司一小份、刺身一小份、金菇牛肉卷一小份、日式蒜茸炸豆腐一小份、天妇罗一小份、照烧鸡块一小份、水果沙拉一小份、梅酒一小壶、海鲜炒饭和红豆羹每人一小碗。这等细腻，在中国大陆，除了日本料理店，也只有精致的上海菜可以媲美。满满当当摆满整张长桌，八人排排坐。铁扇近日替代已经离开古德很久的萧翊，正式加入财务部的日常消遣活动中来。

光是这些，就已经让一桌人馋得不行。尼基示意大家开吃，郁芳迫不及待地夹起一块三文鱼寿司，蘸上芥末就往嘴里送。呵呵，这丫头向来莽撞，芥末的强劲口感让她在三秒钟内落泪。

"就不能少蘸点，你以为是蔬菜泥吗？"章钰没好气地递上纸巾。

郁芳自然有理："这么小一盘，卖那么贵，自然要多蘸些酱料，吃到够本呀！"

尼基发话了："大家多吃点，不够再点。起码这里是明码标价的，八个人的预算没问题，我不怕钱不够，呵呵。想听明朗会计的故事吗？"

"明朗会计？"王琳不太能吃海鲜，眼前只有鸡块和牛肉可选。照烧鸡块里嫩外酥，很合她的胃口。

尼基点点头，说起自己在日本开会时也爱吃海鲜。料理店干净清爽，当然是他的首选。老板告诉他，从前，去日本吃寿司，海鲜都是当天采购回来的，价格浮动较大，所以统统没有定价。这一举措令许多新客却步，不知口袋里的钱够不够用。寿司店普及之后，算钱干净利落的日本老板们用了一个聪明的法子：按照碟子的颜色算钱，红色的××日元，黄色的×××日元，蓝色的××××日元，一叠碟子加起来就是你需要付的饭钱，没有其他费用，甚至连小费都不用给。客人可以按照自己的预算吃东西，这种制度，叫明朗会计。

"呵呵，这和大学食堂里的餐盘计价法是一个原理！"刘苏喜欢天妇罗，也喜欢大学生活，在她身上依然洋溢着青春气息。

陈默也打开了话匣子："很多年前，全家旅游去成都玩。任何一家串串店都爆满，我当时还纳闷，跑堂的伙计多为年轻姑娘，忙得过来吗？难道不会错算漏算？"

"不就是麻辣烫嘛！先付钱再吃呗！"郁芳直来直往地猜测。

"没错，但当时巴蜀文化还没有流传开。四川人依然自得其乐地坐拥盆地山川，只认麻辣风，其他菜系根本不入他们的法眼。但民风淳朴是当地人的优点，小吃店依然采取'先吃后算账'的结算方式，一点不愁遇到吃霸王餐的无良食客。我就开始观察他们怎么结账，发现了更有趣的方法：荤菜用短铁签串起，素菜用长铁签串起。串串店里，每张桌子的四个角落分别有一个抽屉。吃完一串就把铁签顺着桌面上的小洞扔进抽屉里面。结账的时候只需招招手喊一声'数签签'，伶俐的丫头就懂了。长的几何、

第32杯 在小吃店感悟结算流程

短的几何,一目了然。单价都是个位数,乘法口诀背得利索,账自然结得快。"陈默看起来似乎没那么严肃了,原来古德公司的堂堂财务经理也爱吃路边摊,这倒拉近了员工关系。

"连小吃店都有这么有趣的结算流程!"郁芳听着很起劲。

看到现在,很多人已经知道了资产负债表、利润表、现金流量表到底是怎么回事。然而,即使考完了CPA(注册会计师)或者ACCA(国际注册会计师)的人如果没有做过会计,大约也不敢打包票自己在具体业务面前可以独当一面。

会计的账本是以公历年度来划分的,1月1日起至12月31日为一个会计年度,是会计工作的一个大循环。

从年初开始:

1~5月是上一年的企业所得税汇算清缴的时间,小企业至少要忙活一个月,上市公司的年报截止到4月末,事情之多、之复杂可见一斑。所以年中,会计部门也无法享受劳动节,只能当个光荣的劳模。

3~6月要去工商局办理营业执照年检,去技术监督局办理代码证年检。不过,很多外企或者国企分工不同,有些公司会把这件事交给行政部门去处理,因为很多文档都锁在行政部门的保险箱内,古德公司也采取了这一做法。

每年需要检查的还有生产许可证、开户许可证、卫生许可证等与企业经营有关的证件。

有些企业每个季度还要去统计局或相关主管部门交报表,每年还有可能接受税务检查。

每年至少要做一次全面的财产清查。

年底把所有的会计档案整理归档。

会计工作琐碎而繁杂,用上了专业财务软件或者上了ERP系统,财务人员才能将自己从繁重的账务工作中解脱出来。

★ 第32块方糖 ★

日出而作日落而息，有始有终地工作，切忌虎头蛇尾，财务工作需谨慎。

第33杯

会计就是稻草人

精灵女子周迅在电影《画皮》中把蒲松龄笔下的狐妖演绎得惟妙惟肖，敢爱敢恨的妖精迷惑大众，挖去人心做食。财务部即使身未动、心已痒，也得经得起诱惑，否则鬼迷心窍的下场自然不好看。

采购询价、合同谈判、合同签署、售后等多个环节，多数人是反感财务介入的。过往经验上，财务说了太多的"不"，于是财务介入意味着保守、犹疑和不信任。如果可能，诸如海龟类型的人物是举双手双脚赞成约翰不在古德内部设置财务部。财务外包已在某些大公司成为计划或现实。简有个大学同班同学，毕业后在一家德资企业做总裁助理，除此之外还兼做一些财务工作，找了一家代理公司做账。简总是约不到这个同学逛街，因为她实在太忙了。助理与助理也不同命啊！不过，一个是只会煮咖啡和做会议纪要的秘书，一个是可以辅佐老板的左右手，可观的报酬能决定你的价值。

财务部与行政部一样，都属于服务型部门。只不过，一个得冷眼相对，一个要笑脸迎人。前面也提到过，恶人的面相已经丢不掉了，财务部总得继续做那个不苟言笑的稻草人，吓唬偷庄稼的飞鸟。换做其他找财务代理的公司，不知道老板的意思是想为公司减轻负担，还是想规避内部矛盾。业务链对财务的重视程度，多数取决于老板的财务观念和企业文化。约翰是个聪明的老板：尼基虽然保持中立态度，但许多决策确实站在客观角度考虑，有时候会比较不给面子。但只有他们俩心里有数，必须一个唱白脸，一个唱红脸。总经理拉不下脸来的事情，财务总监可以站出来说不，反正清水衙门没人敢惹，也没必要奉承。

★ 第33块方糖 ★

　　麦田里的稻草人守望着丰收的日子，整日吓唬飞禽是为了保护主人的庄稼。

第34杯

借贷关系的低级错误你别犯

章钰叫嚣:"刘苏小姐,请你看一下你做的凭证!"

刘苏一脸迟疑:"怎么了?"

"反了!"章钰气冲冲地跑过来找刘苏算账,她的失误就像多米诺骨牌,导致最后的财务报表出现了错误。

哦,第206号凭证的制单人是刘苏。这是一份关于销售预收收入的入账凭证,应记为:

(1) 收到货款,但还没开增值税发票时:

借:银行存款(或现金)

 贷:预收账款

(2) 开具发票时:

借:预收账款

 贷:主营业务收入(或其他业务收入)

   应交税费——应交增值税(销项税)

(3) 月末结转成本:

借:主营业务成本(或其他业务成本)

 贷:库存商品

心不在焉的刘苏将第二步的借贷双方写反了。借贷错位属于低级错误,会导致三个科目的数据紊乱。

在学校的时候，老师总把记账规则挂在嘴边："有借必有贷，借贷必相等。"我们都耳熟能详。把借和贷弄明白了，就像《天龙八部》的神仙姐姐熟读武林秘籍，为练武之人提供心法和招式。

离开学校没多久，怎么都忘了呢？

王琳找出资产负债表和利润表，让刘苏看上面的项目。

左边的资产类除了"累计折旧"都是借方余额，右边的"负债和所有者权益"都应该计贷方余额。然后熟悉下面的会计科目，比如应收账款增加了，那一定是在借方，款项收回来了一定记到贷方，收回来的是支票，那么是银行存款增加了，记到借方。

同样的办法，拿来利润表，上面带有"收入"和"利润"字样的，贷方表示增加，借方表示减少。带有"费用"字样的会计科目，是借方表示增加，贷方表示减少，和"资产"是一样的。

王琳支招："别急，姑娘。只有分清会计要素，才能搞清借贷方向。六个会计要素还记得吧？资产、负债、所有者权益、收入、费用、利润。每个要素里边都有很多会计科目，如果你记不住，再回头复习一遍。一项业务一般要有两个以上的会计科目才能表达清楚，这两个会计科目，必须是一借一贷，而且借贷金额必须是相等的。有时候也有一借多贷或者一贷多借的情况，不管什么情况，都要'借贷必相等'。告诉你一个窍门：本着'有借必有贷、借贷必相等'的原则，知道了一方的会计科目，另一方不管是什么科目都是相反的方向。比如：我们购物欠对方货款5 000元。商品购进了，一定是'库存商品'增加了，'库存商品'是资产类科目，应该用'借'表示。另一方是'应付账款'，一定就是'贷'喽。以后再看见贷方的'应付账款'就知道是增加，借方的'应付账款'就是减少了。比如：应交税费是负债类科目，增加了，用贷表示；减少了，用借表示。

这个必须要记住，你把一方的会计科目确定了，另一方的会计科目找

第34杯 借贷关系的低级错误你别犯

对了,就自然知道借贷了。

比如,缴纳了3 000元税金。这笔钱是从银行账户里划走的,那一定是银行存款减少了,也就是贷:银行存款;缴纳的税金,使用'应交税费'科目,就一定是借了。其实把业务联系起来更好理解。上个月你计算的税金,是在'应交税费'的贷方,属于负债,是增加的,那么到了这个月缴纳完税金,负债减少了,就是借了。

刚开始你可能要动动脑筋琢磨一下,等熟悉后,看到缴款单据,就知道借'应交税费'贷'银行存款'了。应交税金增加了,就是应该支付给税务局的税金没给呢,就叫应交税费增加了;税金支付了以后,就叫应交税费减少了。欠税的时候记在贷方,交完税记在借方。"

"如果是销售商品呢?"刘苏对自己的错误依然耿耿于怀。

王琳答曰:"销售商品也用相同的方法记:

借:应收账款(等相关科目)

 贷:主营业务收入

  应交税费——应交增值税(销项税)

我这里就要做一步结转成本:

借:主营业务成本

 贷:库存商品

如果收到支票3 000元,使用'银行存款'科目,'银行存款'是资产类,应该用'借'表示增加,另一方是'主营业务收入'科目,就一定是'贷'。这样时间长了就会熟中生巧,很容易理解。"

听了王琳的一番解释,刘苏脑袋中一团糨糊似乎稀释了很多。章钰看看刘苏埋头纠错的认真神情,气消了一半。

"对不起,又给你添麻烦了!"刘苏的道歉很真诚。

"亲爱的,专心点!如果压力大,下回一起去瑜伽房聊聊。我没有王琳的好耐心教你,但是很愿意做一个能倾听的朋友。尼基说年轻就是用来犯错的年纪，总比年纪一大把还被人纠错要幸运得多。"章钰的直来直往倒是让刘苏感觉轻松了许多，至少知道自己哪里出了错，该如何纠正。

★ 第34块方糖 ★

在咄咄逼人的对手面前，你会渐渐改掉粗心大意的坏毛病，这比从朋友身上学到的要多得多。

第 35 杯

财务会计的幽默感

想要完善自我,除了改掉粗心的毛病,还要放宽心。

刘苏记得在自己的孩提时代,母亲会在考试当天熬一碗粥,配上一根油条、两个白煮鸡蛋。这意味着:期待你向 100 分冲刺。这样的光辉使命在 20 年后同样需要你来背负,只不过你的衣食父母不再会为你煮鸡蛋、买油条,他们善于用权力和金钱威逼利诱让你在鞭策中不断蜕变。

然而,有没有完美的员工呢?

没有完美的老板,就没有完美的员工。老板也是拥有七情六欲的人,他也会犯错,也会做一些情绪化的决定。比如,本月你超额完成了销售任务,他给你配了一辆车,激励你加强与客户之间的互动。接下来几个月,市场变化莫测,即使你表现得再卖力,老板依然会对着令人担忧的销售业绩表蹙眉,悄悄取消了你的交通费补贴不说,还让你把大客户交给其他同事交涉。他是现实的,你就别太拿自己当回事。那车是那么容易让你开的吗?写了你的名字吗?你一个月的工资估计都抵不上几张机票,你觉得委屈吗?他对你的业绩满意,但不代表他对你这个人满意。当你的业绩一落千丈,他自然就会变得势利起来。

逆水行舟,不进则退。既然金无足赤人无完人,何必在别人的冷眼相看下扯着嗓子赚吆喝呢?人生也绝不可能一帆风顺,我们在很多时候都会不可避免地遭遇逆境。面对人生低谷，通常会有两种结果：要么万念俱灰，一蹶不振；要么把困难踩在脚底下，披荆斩棘。

工作从来没有满分，你必须明白这一点。没有满分的工作，就没有百分百的安全感和自信心，这个时候你需要知道老板喜欢什么样的员工，你才能知己知彼，拨开迷雾，跳脱出低迷状态。

首先，老板不会是一座孤岛，同样需要称心如意的工作伙伴和朋友。你必须具备让他刮目相看的特长，换句话说，你得有出类拔萃的技能，才能吸引他的注意。你有自信，敢于与他沟通、磨合，必要时还会将他的缺点或不得体之处委婉指出，既给了老板面子，又能助他一臂之力。

其次，你在职场积攒了一定的人脉关系，你身后偌大的关系圈是他看中你的重要原因之一。也许你的技能不如别人，可是你可以通过自己的办法曲线救国，老板对你的印象分就会直线上升，认为你是个头脑活络的员工。

如果没有出色的技能和八面玲珑的交际能力，那么你只能做最后一种：一个好心态的员工。第一，你有绝佳的心理调节能力，宠辱不惊，只做好分内的事情，其他和自己无关的事情一概不理；第二，你明白自己有不足之处，虚心求教，与同事相处融洽；第三，你在公司任职多年依然勤奋不已，遭遇困境从不放弃，有你在，老板就会安心，因为你永远与他并肩作战。

上述三条只是笔者的个人见解，或许你年轻貌美、多才多艺，但也有容颜老去的迟暮之时；或许你像上文提及的优秀销售员，工作就像坐过山车，时而上天时而入地，但依然对老板的心思捉摸不透；或许你也有自己的一套方法从而得到老板绝对的信任。不过，不管怎么说，做企业里的"救火员"依然是最危险且最不靠谱的事，如果你理解"伴君如伴虎"这句话，自然就会明白：老板对员工的满意度往往局限于某个时间段的表现力和成绩，离得越近，观察得越透彻。你不可能永远考年级第一，永远可以把业绩做到行业领先，永远对公司不离不弃（除非你也是股东）。老板与员工

第35杯 财务会计的幽默感

之间的关系微妙到类似于婆媳关系，互相依存、斗智斗勇，双方满意才能达到共赢，和睦相处，否则几年时间就会让这场目前存续着的利益关系最终分崩离析。

让老板喜欢你，这仅仅只是第一步。接下来，还得靠真枪实弹才能生存下去。不可否认，有些阻碍是我们不可能战胜的，如果盲目冲锋陷阵，只能让我们成为《集结号》里的悲剧人物，最后连个尸首都没有留下，没准还得背黑锅；还有些困境跟我们的日后工作关系不大，没必要硬碰硬，也许过阵子情势发生变化，问题自然迎刃而解；另外，有一些难题确实很棘手，但是一旦交战，注定失大于得，不如以静制动、休养生息。

职场中，其实很多企业的员工凡事都得过且过，做一天和尚撞一天钟。有一部分人工作效率极低，整日插科打诨；有一部分人不是在工作，而是在享受办公室斗争，不断激化矛盾、惹是生非；也有一部分人好高骛远，永远在找寻更好的工作机会，而不好好珍惜眼前……

每一个公司，都有一部分人是真正靠近满分的高效能人士，他们从来不在工作时间偷菜、闲聊、发呆，知道今天必须完成什么、第一步做什么、第二步怎么做、第三步可以换种更好的方式完成……每一个老板都欣赏做事到位的人。如果你能够尽到自己的本分，尽力完成自己应该做的事情，那么即使目前的工作没有达到满分，你依然能够随心所欲地从事自己想要做的事情，努力达到成功的顶峰。想要成为这类人，也需要费尽心思才能挤进老板心中满意员工清单的 TOP 10。

老板对你的工作满意，充其量只是证明了你是个好员工。做到让自己的老板打心底里认可你才是最重要的，在做好自己分内的工作或超额完成指标的同时，如果能不断地创新，用新思路解开谜团，成为老板身边必不可少的得力助手，那你还会担心地位不保吗？

做老板最贴心的人也会让他对你的满意度提升。举个简单的例子，你和老板一起吃饭，老板突然对你说，他喝不惯酒店的酒，你告诉他你已经在后备箱内准备好了他最喜欢的酒。很有可能，你就能成为老板最得力的助手甚至是公司的策划者，因为你能了解老板的喜好，并且不事先张扬，一旦老板提出要求，你能够立刻灵活反应。这才是老板真正满意的员工。

至于别人认可不认可已经不再重要，学会活在当下、及时行乐才是王道。

嘟……

一看区号，北京打来的电话。

郁芳很有礼貌地接听："喂，您好，请问找哪位？"

电话那头传来很甜美的女声："小姐，您好！恭喜您成为我们公司的中奖用户……"

郁芳耐着性子听她讲完一长串开场白，闭目养神，催眠曲戛然而止，那头问："小姐，您……"

可爱的李女侠突然变了腔调："喂，您找谁呀？是不是找我儿子呀？他在大便！"

我猜想，电话另一端的姑娘已经被冰雹砸伤了脑袋，此时无声胜有声。

嘟……

一看区号，成都。

郁芳很有礼貌地接听："喂，您好，请问找哪位？"

电话那头传来很甜美的女声："小姐，您好！我是×××财务公司的客户经理，请问您有贷款需要吗？"

川妹子不洗脑，单刀直入。

郁芳这回很淡定："好啊，我正需要办理贷款。您可以给出多少额度？"

川妹子雀跃："可视具体情况。"

郁芳越发淡定："我需要一个亿。"

第35杯 财务会计的幽默感

川妹子听不出话外音，热情不减："可以啊！小姐有没有抵押物？"

女侠将泰然自若的心态发挥到了极致："有！我有一辆二手电动车！"

川妹子骂了声神经病，挂了电话。

对付骗子，我不生气，气坏身体没人替！

嘟……

一看区号，又是北京，首都就是热闹。

郁芳很有礼貌地接听："喂，您好，请问找哪位？"

电话那头传来很甜美的女声："小姐，您好！恭喜您成为了我们×××保险公司与移动通讯合作的项目中奖客户，您将免费获得一份价值1000元的保险，这份保险可以……"

骗人的法子就不能换一换？

郁芳有点恼火："我不是机主，您直接跟她讲！"说完便把电话扔给旁边的王琳。

王琳向来脾气好，听她说完，便柔声细语地回话："对不起，我也不是机主，请您跟她说！"

这次接电话的是简。

电话里的小姐有些晕乎："您好，请问您真的是机主吗？那我再重复一遍，您听好。"

简听得颇认真，并把手机扬声器打开。

听完敬业骗子的三遍演讲，全体财务部员工起立鼓掌，大呼："讲得好，再来一个！"

电话里的女人一定泪流满面。

谁说财务人员就是一板一眼的黑面神？机智幽默地对付三通骗子的电话就是团队合作的力证！尼基认为年轻人追求奢侈品只会变得越来越势

利,互相攀比反而不快乐,让自己快乐的方式就是静坐和助人为乐,找到内心的安宁,被别人需要着。四大会计师事务所之一的××事务所有个小男孩向姐姐们推荐了一个叫"去哪儿"的网站,在那上面可以订到特价机票。小男孩曾经花了99元,从上海飞到厦门,一回生二回熟,用了两天时间就摸遍了当地美食和美景。

当你的世界一片灰白,失去了色彩,也许旅行和美食能让你快乐一些。身未动,心已远。

★ 第 35 块方糖 ★

《2012》不会来,《后天》一定会来。等到大地一片混沌之时,我们也都灰飞烟灭了。活在当下,想想明天就够了。

第36杯

通过数字键盘了解自己

尼基发动了海边之行的民间活动,姐妹花们心情大悦,南国寺庙和沙滩叫人流连忘返,海风似乎能吹走所有的烦心事。

在海边,尼基问了大家一个问题:"为什么工作了一段时间之后,大家总会倍感疲惫呢?"

大家都在等着他揭晓答案,这个问题也是困扰所有上班族的症结所在。

尼基一语道破天机:"这是效率低下的警报器!除了心理压力之外,工作时的一些坏习惯也会让你在毫无察觉之时偷偷放走时光小偷。有人说'我们要干一行、爱一行',我觉得说这话的人可以去天上做神仙了。以我的阅历告诉大家,'干一行、恨一行'才是最正常不过的感受。当我们还不具备高超技能时,完全像是蹩脚的侦探遇上了狡猾的罪犯,工作变得困难无比。但是在座的小朋友们都有了一定的工作经验,可以说在自己的领域里已经有了对付敌人的武器,为什么还会怯懦和疲惫呢?面对无边无际的大海,除了度假旅行的休闲心情之外,你是否担心过它会突然发动对人类破坏环境的报复性攻击而感到恐惧呢?"

尼基:"大家来做个游戏吧,寻找自己的坏习惯,我来帮你找到解决问题的方法。"

郁芳:太磨蹭。

尼基解答："一天的最开始就完成那些最艰难最重要的工作。早上良好的开始会让你一天都保持高昂的情绪和积极的动力。这通常会使你这一天都十分高效。不要打算一口吃成胖子，这会使你感到过多负担以至于产生拖延的念头。把一项工作分为若干可付诸行动的小步骤，然后仅仅关注第一步直到把它完成，接下来再继续下一步。每天花20分钟躺在床上反复默念'在这几天里我都十分高效'之后，你就不再会陷入拖拉的情况或者浏览1～5个你喜爱的网站寻找更新信息。"

陈默呢？

郁芳替缺席的财务经理找到了软肋："陈经理最大的坏习惯是缺席。"

尼基："他总是放弃和我们一同出行的机会，比如这次旅行。伍迪·艾伦说'百分之八十的成功来自于出席'。这是在生活中你可以保证更多成功所做的最大也是最简单的事情之一，无论是在你的社交生活中、你的事业上还是你的健康方面，如果想要改善你的健康状况，一个最重要也是最有效的方法就是在每次该出席时出现在健身房里。也许天气会不好，也许你会不想出门，也许你有一大堆其他必须要做的事情。但是，如果你在积极性不高时仍然继续出现在健身房里，那将比你待在家里的沙发上放松要有效得多。我想这个也可以推及生活的其他领域。如果每天都坚持写作或绘画，你就会快速地得到提高。如果更多地出门你就可以遇到更多的新朋友。如果参加更多的约会，你遇到心上人的机会就会大大提高。仅仅只是更多出席就会使你的生活大大不同。而缺席却会使你毫无收获。"

王琳：太多虑。

尼基："做财务确实需要考虑周全，但条条框框的规则往往会让你因为多虑而很少采取行动。陷于无穷的分析之中只会使你虚度光阴。行动之前加以思考是没有错的。做一些调查研究，制订一个计划，探究可能存在的有利以及不利因素。但是强制性的反复思考会成为另外一种浪费时间的做法。在尝试之前你没有必要去从每一个角度检查每一件事情。而且你也不可以等到一个最完美的时间再去做事，因为这样的时间从来不会出现。继续这样思考只会使自己陷得越来越深，从而使采取行动变得越来越难。相反，虽然思考在一定程度上对你有所帮助，但你现在需要做的只是停止思考，然后去做那些你应该做的事情。"

刘苏：不够专注。

尼基："你最容易陷入的不良习惯就是忙于一些无关紧要的事情，将太多兴趣爱好与工作混为一谈。为了提高效率你也许需要某种时间管理方法。它可能会是一件极为简单的事情，比如在一天的开始使用 80/20 CUP。80/20 CUP，也就是我们通常所熟悉的帕累托 CUP 认为，80% 的收获源自 20% 的努力。所以为求高效应该将你精力的大部分集中在那些极少数重要的事情上。当使用这个 CUP 时你只需按优先顺序写下这一天你需要做的 3 件最重要的事情，然后从头做起。即使只能完成其中的一件事，你仍然完成了今天最重要的事情。也许你也会偏爱其他诸如 GTD 等方法。但是无论你如何组织工作，最关键的还是寻找那些最重要的工作，这样你就不必花费几天、几个星期甚至几个月的时间去忙于那些并不是很重要的事情。如果这些事情无关紧要，那么即使你快速地完成它们也是没有多大用处的。当你凡事都从消极方面考虑时，你的积极性就会被大大打击。你会发现到处都是问题和错误，而这些问题是本不该存在的。你抓住细节不放。如果你想要寻找一个不做某事的理由，这当然没有问题，而当你从一个消极角度看问题时，每次都可能找出十个借口。因此你几乎一事无成。你向任何愿意倾听的人诉苦（也许很多人并不想听），抱怨你的工作、生活和领导有多么差劲。你的生活取决于你如何看待这个世界，这已经成为一个能够自我实现的预测。对此的一个解决方法就是了解消极方面的限度，认识到你的消极思考并不是这个世界的真实写照。然后不妨尝试一些其他的角度。举例来说，你可以尝试着培养一下凡事从更为积极和乐观的角度思考的习惯，这会对你大有帮助。通过这种方式，你也许就会开始尝试这种积极性的挑战。这并不容易，然而如果你接受了这种挑战，连续7天都只从积极方面思考，你就会突然意识到你看问题的角度和想法是如此深刻地影响着你对世界的理解和你所得到的成果。人们很难去承认自己的想法不是最佳选择，因此你越来越执著于自己的想法，变得闭目塞听。这会让你很难取得进步，比如说效率就会很难提高。在这种情况下，即使认真思考改变人生的可能性都会变得很难。

显然，解决方法之一就是打开心胸。开阔视野，从他人和自己的错误中汲取教训，从书籍等资源中获取知识。与任何事一样，这事说起来容易做起来难。正如前面所说，对此我的建议就是认识到你的知识领域毕竟是有限的，而你做事的方式也会存在不足。那么不妨就尝试一下新事物吧。"

章钰：工作狂。

尼基："工作几乎占据了所有休息时间。我想你脑中的输入信息有些过剩，这是你感觉疲惫的原因所在。如果你让所有的信息都涌进大脑，这当然会导致难于清晰思考，因为刺激源太多了。以下就是这种习惯可能存在的弊端：你所接受的一些信息也许是消极的。媒体和周围环境会因种种原因提供一种消极的信息。如果没有根据需要对信息加以选择，也许你就会陷入消极之中，从而影响到你的所思、所感、所为。这会使你急于追赶当今发生的事情，然而每时每刻都有十几件事同时发生，想要追赶上它们几乎是不可能的事情。你的生活会因此充满压力。如果持续被信息轰炸，并且还试图将所有信息分类，那么你将很难做出决定并采取行动。就我个人而言，如果我得到过多的信息，就会造成某种形式上的瘫痪，一事无成。或者你会被这种习惯所困，终日忙碌在一些非重要的事情上。为了可以集中精力、清晰思考并付诸行动，你就需要在吸取信息时更有选择性。当你工作时应尽可能地避免那些分散注意力的事物。关掉电话，断开网络，关上大门。你就会不可思议地发现，没有每隔五分钟就被打扰一次，没有机会因浏览喜爱的网站而拖延时，你居然可以完成这么多的事情。现在并不

第36杯 通过数字键盘了解自己

是说我建议你们停止阅读所有的博客或报纸。但是一定要清楚哪些是你真正想要阅读的，哪些只是用来打发时间的。同时你也可以查看其他具有开阔性信息的领域。"

尼基在沙滩上画了一只会计们都十分熟悉的数字键盘（表18）：

表18　数字键盘

食指	中指	无名指	小指
Num Lock	/	*	−
7	8	9	+
4	5	6	
1	2	3	Enter
0		.	

食指控制第一列，依次类推：中指负责第二列，无名指负责第三列，小指则负责最后一列。每根指头都有它们的管辖范围，越界或者让一根手指控制全盘只会让效率变得低下。

"哈哈，尼基是把我们每个人比喻成手指吗？那你不就是那个掌控一切的如来佛？咱们都在您的手掌心里攥着呢！"郁芳没心没肺地笑。

"哈哈，我是负责给你们鼓掌的人。"尼基也乐了。

"不，您是把我们团结在一起的人。"章钰突然冒出一句感性的话。

★ **第36块方糖** ★

了解自己的短处后，就用长处来遮掩，遮掩不了的时候，就想办法把短处变成长处。

第 37 杯

财务部大合唱《团结就是力量》

尼基提到一个台湾朋友参与制作的一部纪录片——《遥远星球的孩子》，讲述了一群孤独症患者的故事。那才是真正的孤岛，即使再努力也无法让他们与我们并肩作战。所谓学者症候群（Savant-Syndrome），是指有认知障碍，但在某一方面，如对某种艺术或学术，却有超乎常人的能力的人。自闭患者中有 10% 是学者症候群（故称自闭学者，Autistic Savant）。他们的 IQ 大部分低于 70，但在一些特殊测试中却远胜于常人，故俗称为白痴天才（Idiot Savant）。他们的天赋有多种不同的形式，如演奏乐器、绘画、记忆、计算及日历运算能力。

孤独症患者天岳是个钢琴天才，一听到有人在弹奏曲子，就能快速记住曲谱并演奏出来。另外，他还是一本活万年历，能将某一个年份快速转换阳历、阴历，连当年发生的重大事情都能脱口而出，记忆力超群。可惜，他在生活上无法自理，一直都要依靠父母协助。

"美国电影《雨人》中的'雨人'就是一个典型的学者症候群，他对数字的计算能力和记忆力非常惊人！"刘苏立刻有了新的联想。

"没错！如果他来当会计，我们可以光荣下岗了！当然，剩下的 90% 里面也有普通人。我的朋友告诉我，在他拍到的人里面有一个看起来正常一些的孤独症患者，他有一个很奇妙的习惯——喜欢旅行。与其说，他喜欢每一个新鲜环境带来的刺激，不如说他享受在不同交通工具之间转换时感受到的快乐。他积攒每一张车票，记录每一站的名字，常常蜷缩在车厢的一角，一言不发地观察车内乘客交谈时的表情或沉默的状态，既不靠近别人，也不让别人亲近。一旦踏进车厢，又恢复了沉默和封闭的状态，躲在一角做惊恐的小兽状。与其他孤独症患者不同的地方是，他常常主动联络朋友，并动身去他们的城市进行拜访与面对面的交流，在自我的小世界里寻找一个突破口与外面的世界交流。像我们这样的健康人更应该学会了解别人的心理，知道别人想要听到的是什么，希望得到的是什么，并把自己内心的需求通过合适的方法告知对方，这就是最好的沟通。"尼基讲述这个故事的时候很动情。

纪录片导演找到周迅配音，尼基接着爆料："她是我最喜欢的中国女演员，时而低调、沉静，时而活泼、俏皮。她在演唱主题曲时，动情地哭了，她的演唱很好地掌握了每个字的力度和节奏。我希望你们每个人回去的时候都可以看看这部纪录片，思考一下如何与他人沟通，而不要花太多时间看些完全没有营养的偶像剧。"

当掌管语言、阅读、逻辑等功能的左脑损伤，具有艺术细胞的右脑就起到了补偿作用。

章钰摸清了老尼的算盘，大胆猜测道："尼基给我们讲故事就是想告诉我们财务团队怎么成形，如何作战，是吗？优秀团队追求能力的增值，使群体人员产生1+1＞2的力量。然而，现实中的人员磨合问题、内耗问题、公司环境问题等，使团队作战能力不增反降，有时甚至需要老总亲自出面不可。我的理解，财务更多集中在办公室，8小时内思想相对集中，受到诱惑相对较小，面对面交流的机会更加便捷，财务团队是更有条件产生团队力量增值的！"

呵呵，说起来容易做起来难，不过章钰的分析很到位。

旅行归来，质量部发生了小地震：一个会德语的QA（质检员）突然

第37杯 财务部大合唱《团结就是力量》

提出辞职，因为老家拆迁分到了一笔巨款和一栋房子。另一个喝酒豪爽的QA，生病请了一周假，回来时已经有人替代了她的岗位，质量部老大将她安排在很不起眼的职位上，她被迫离职。真是同岗不同命！

约翰先生曾经用最严厉的语言批评销售员："你不是股东，只是员工。钱没给我拉回来，你就得滚！"事实上，他想表达的是：销售最神圣的使命不仅仅是把东西卖出去，而且要把可见的利益拉到我面前来。如果做不到，你留在这个位置上确实有些不称职。只是老板属于红色性格的人，喜怒常常溢于言表，过于激烈的言辞着实让人吃不消，会让人有受辱之感。如果听到老板的侮辱，想让自己在这个圈子里待久一点的方式就是给他一个台阶下，等对方的气消了，再给他看最新的订单和取回的银行汇票。

对于一些被迫离职的员工，他也有自己的语录："公司里的产品分一等品、二等品、三等品、废品，你们既不是一等品，也不是二等品，连三等品都够不上，更不是毒品，那肯定就是废品！"资本家总是以高人一等的姿态"审视"周遭，其实他们的智商未必比职员高出一大截。试想一下，把老板放在普通岗位上，他开始可能也会搞不清借贷，分不出固定成本和变动成本。谁叫他是老板，对于这个付钱让你生存及进步着的人，不卑不亢地接受"凌辱"，会让你变得骁勇善战。毕竟，把你放在老板的位置，你也同样达不到他的水平。

不是每个人买彩票都能中奖，不是每个人嫁人都能嫁入豪门，不是每个人都能得到一笔意外之财。有得必有失，有失必有得。财务部人员流动较小，尼基一直是个能保护部下的大当家，哪怕是金融危机，公司裁员，财务部一个都不少，这也是大家团结一心的重要原因吧！

★第37块方糖★

团结就是力量,让暴风雨来得更猛烈些吧!

第38杯

抓大放小才是大智慧

内忧可以主动调节，而外患则显得张扬跋扈，管你有没有心理准备，该来的时候，它就不打招呼地到来。

"网线四十块钱一米？电机一万五一台？服务器合同价上的零都数不过来，而且还是美金，有没有搞错！"郁芳对着王琳小声嘀咕，"上梁不正下梁歪，肯定是领导拿大头，下面拿小头。采购员突然辞职，据说供应商直接让她报卡号，她拿到几笔单子的回扣就抵得上一年薪水了。"

"哎，这些人听到警车的鸣笛会不会心虚得吃不下饭、睡不着觉？但没证据的事情别乱说。"王琳也有些看不过去。

尼基示意这事不必插手，他果断地签了字批准。暗流涌动的古德确实存在内定的供应商，至于谁能让尼基这个钦差大臣睁一只眼闭一只眼，这里就不多加揣测了。

审计从内控开始，内控从财务开始。为什么要从财务开始？是因为财务单据规范吗？是因为财务数据更有说服力、更能够看出问题吗？还是只有财务人员在专门学习《内部控制规范》，并马上要在公司实施？无论如何，审计是财务无法绕过的一道坎。审计的时候，业务安在？采购去了。财务总是最先走出公司大门，笑脸相迎。抛开常规函证，在关键地带和敏感地带，面对审计的发问，财务绞尽脑汁故作轻松地冷静"录口供"，唯恐一语不周为公司添乱，或不慎惹下祸端。

一个拿着公司的钱买东西，一个抓着公司的钱袋不放。天生立场不统一，双方在心里埋下了仇恨的种子，所以战争就这样爆发了。

希腊神话中，有一个大力士叫海格力斯。一日，他走在回家的途中，看到前方有个不起眼的袋子，鼓鼓囊囊的，很难看。他便狠狠踩下去，谁料那个怪东西不但没有被踩扁，反而迅速膨胀起来。这激怒了海格力斯，他操起木棍砸向小怪物。你猜得到结果如何吗？那个奇形怪状的东西居然膨胀到把路堵死了。大力士正感到纳闷，一位智者走到他跟前对他说：'朋友，快别动它了，忘了它，离开它远去吧。它叫仇恨袋，你不惹它，它便会小如当初；你若侵犯它，它就会膨胀起来与你敌对到底。'仇恨正如海格力斯所遇到的这个袋子，开始很小，如果你忽略它，矛盾化解，它会自然消失；如果你与它过不去，加恨于它，它会加倍地报复。海格力斯效应若发生在同事之间，则仇恨便会化作每个人心里的小魔鬼。若发生在你和上司之间，将会对你造成毁灭性的伤害。

学会宽容，懂得忍耐。复仇行动是没有赢家的。理智地解决冲突是人生的一种智慧。人生在世，人际间或群体间免不了摩擦，以德报怨才能使办公室这个小社会的竞争进入良性循环。如果心中的"仇恨袋"因为你的放不下日渐膨胀，最后，你只会堵死自己的路。与其陷入无休止的烦恼之中，错过人生中许多美丽的风景，不如寻找真正的快乐。

对于高价采购这件事，财务有监管控制的职能，但并没有绝对的执行力。后来，大家才知道，网线的供应商是约翰的朋友，采购员只是一堆贪心的炮灰。尼基在一次饭局中了解到这一点，也明白睁一只眼闭一只眼的道理，并不想和约翰起正面冲突，让老板恨自己挡了他朋友的财路就是找死，老板有权利决定让谁赚走自己的钱，更何况古德的网络服务器一直运行良好，有了供应商的跟踪服务，每月维护费都省了。是赚是亏，不需要深究，抓大放小才是大智慧！

第38杯 抓大放小才是大智慧

★ 第38块方糖 ★

职场角力战，利润冲突是敌对的根源，抓大放小是大智慧。不要自作聪明地显摆自己，要因人而异、随机应变。

第39杯

会计也要拜师学太极

面对没有硝烟的战争，何时该表现，何时该隐身呢？一向强势的章钰拿捏到位，她明白冲锋陷阵的马和默默无闻的卒都不可能领功，一个死后扬名，一个无功不受禄。

约翰的助理丹尼尔是个带点娘娘腔的小子，用当下流行词汇讲，就是"伪娘"。外企里，只要能说一口流利的英文，你就可以狐假虎威，搬出老板充气势。因为外人总要通过你的嘴巴跟老板说话，毕竟不是人人都能口若悬河地说英文。

章钰吃过一回憋，虽然同为助理，但背后的人物级别还是有微妙的差距：约翰贵为总经理，尼基再有分量，也只是个总监。

集团派内审过来做稽查时，要求财务部发送一份对管理层的审计报告，其实也就是走个过场，检查一下文件是否齐全，总经理办公室的工作执行流程有没有效率和漏洞之类。章钰一向认真，认真过了头就是较真。内审无意间想看看领导层差旅费中的机票款占了几成。刘苏记账的时候并不会把费用细分到机票花了多少钱，酒店花了多少钱，吃饭又付了多少钱。因为领导出差报销费用都是助理的工作，所以只能找丹尼尔帮忙。章钰直接敲开丹尼尔的门，他有一间独立办公室，这是和其他助理们的最大不同点，也是最值得骄傲的地方。

伪娘翘起兰花指翻阅笔记本，查阅近日老板的日程安排，头也没抬："我怎么知道！你们财务不好好记账，反过来问我，自己都不觉得工作没做到位吗？为什么以前你们没有注意这个问题呢！这事与我无关，我正忙呢！"

章钰本来就火气旺，但在约翰的地盘也没法跟丹尼尔较真。他确实没有记账的义务。变态的审计，以后干脆让刘苏把所有费用细分，就不用白白被这个不男不女的家伙消遣一番了。

内审好像也开始较真了，集团公司认为高层和中层领导出差应该有区分，享受的差旅待遇与级别挂钩，先算算大概的费用。章钰从不容许自己完不成任务，几年来约翰先生满世界飞，但也不至于天天当空中飞人，大不了把报销凭证统统找出来慢慢扒拉。章钰用了个聪明的法子：所有付给机票代售点的机票款都是通过支票付款的，根据记账凭证的摘要筛选出总经理的费用并不困难，只需要再翻查出为数不多的为临时出行买机票垫付的现金凭证即可。

故意晚了一天回复内审邮件，收件人一栏自然是问问题的稽查员，分别抄送给约翰和丹尼尔。内容除了具体的数据之外，还很礼貌地致歉，耽误了一天时间才核算出大致的数据。最后加上点睛之笔：丹尼尔，你觉得这个数据对吗？请帮我确认一下。我想你为约翰先生做的日程安排记录会更加完整和准确一些。

助理帮忙报销，这是常识。分公司老板对于集团公司内审还是有所忌讳的，丹尼尔不管是真忙还是假忙，都得回这个信息，而且必须负责任地翻算出约翰几年来的差旅记录，为章钰的数据做 Double Check（复核）。

为什么八爪姑娘颇有心思地抄送给约翰？

丹尼尔像愤怒的小鸟一般发了一份私人邮件追问。意思就是，你为什么打小报告？

章钰终于给对方浇了一盆凉水，喜上眉梢，不失礼节地回复：

亲爱的丹尼尔：

内审员发送邮件的时候抄送给了约翰先生，我想我有必要让他知道，您在如此繁忙的时候还能帮助我完成工作，多谢您的鼎力相助和指导意见！

看来聪明的章钰早已得到尼基的真传，气场强大有证可循，不畏权势，只为争一口气。

据说，丹尼尔是约翰世交好友的儿子，压根没有任何专业技能，到其他公司最多只能混个翻译。因为跟老板攀上点关系，古德公司给丹尼尔的Offer Letter（聘用信）上写明职位是：总经理秘书兼执行助理。这和煮咖啡、捧着文件踩着高跟鞋楼上楼下奔跑的小助理有天壤之别，他比简更深层次地进入管理层机密处，简最多了解财务部的运营，而丹尼尔的视线覆盖了整座工厂。也难怪他眼里除了总经理，放不下任何人，站在巨人肩膀上自然看不到普通小百姓。

约翰住得远，通常上午十点才到公司，丹尼尔只需要在此之前正襟危坐在他的办公室即可，没人会指责他经常迟到。大家都会意地将需要总经理签署的文件放在丹尼尔的办公桌上，由他查阅并附上英文注解后送进总经理办公室。从这个角度看，有时候贿赂贿赂这个大内总管，没准他还能帮你把你的文件排到个好位置，早点签好早点完事。碰上章钰这样不识时务的，他大概会把文件插在最后，或者说句"我正忙呢！"排到明天也说不定。我们的八爪姑娘可不吃这一套，英文好的不止他丹尼尔一个，没什么值得骄傲的。财务部总体英文水平都不差，尤其是章钰，几乎可以面对面与约翰直接交流，约翰也非常欣赏她。用流利的英文汇报工作，这就是绝佳的表现机会，自信洒脱。

当然，章钰的聪明绝不仅仅在于只会找机会表现自己。

除了可以享受两个钟头的迟到优惠政策，丹尼尔大人还常常在上传下

第39杯 会计也要拜师学太极

达总经办通知的邮件中忘记放附件,大家都敢怒不敢言,甚至没人提醒他,除了咆哮的约翰。

会打太极是每个职场人的必杀技,丹尼尔也不例外。措手不及、自相矛盾的问题一旦出现,比如人事部提交了更新后的第三版"员工手册"给总经理批阅,各部门主管会聚集在一起培训"员工手册"的内容,并且提出各自的意见,类似于人大通过的法令必须得到人民代表的鉴定。丹尼尔做会议纪要的时候打盹,会后将未更改的原版错发给各部门主管。后果很严重,约翰正巧出差没来得及看邮件。灭绝师太在丹尼尔面前就像一只柔弱的小绵羊,弱弱地询问:是不是发错了?丹尼尔自知理亏,若无其事地将审批修订后的第三版重发,反正老板只会看同一主题最新跟进的邮件内容。灭绝师太这才放心大胆地将"员工手册"公布于世。

慎用 Email 也是职场潜规则,伊妹儿早已化作状书,书写了奖惩证据。口头提议或者通知,发生口误,事后有人指出,你可以推诿,自称没这回事儿。但白纸黑字的证据让你没法推。当然在这件事上,没人敢打小报告,给丹尼尔小鞋穿,睁一只眼闭一只眼,事情就过去了。老板都不计较,你何必跟老板跟前的大红人斗争到底呢!收到丹尼尔无附件或者逻辑混乱、有明显错误的邮件(比如:会议时间通知 2010 年 6 月 22 日下午 3 点,邮件发出时间却已经是 2010 年 7 月 20 日。大家都猜到是明显的拼写错误,于是 7 月 22 日那天,所有被通知到的人准时出席),章钰也不会自作聪明地回复提醒,因为点击全部回复,约翰就会看到两遍错误邮件,实际就是提醒他,他的手下犯了多么低级的错误。

章钰只想当冲锋陷阵的花木兰,并不想当英勇就义的刘胡兰。这时候,她也会随波逐流,睁一只眼闭一只眼。过足嘴瘾,只顾眼前利益容易变成炮灰。宁可得罪君子,也不能得罪小人。丹尼尔只要时不时在约翰面前告几个小状,好不容易表现出的美好印象就会被终结。那次和丹尼尔较真的事件之后,尼基就提醒过她,这是个险招,不过借力适当,所以丹尼尔败了。但小人眼里容不下一粒沙，换作其他事，惹不起就躲，看破却不说破，这才叫成熟。

刘苏听尼基夸赞章钰控制力强时，也恰好听说了她和丹尼尔这一茬，聪明但不自以为是是章钰快速成长的强心剂。

"关系户"在国企里是很普遍的现象，刘苏的妈妈当年就是顶了刘苏外公的职务舒舒服服地得到一份美差。本以为跻身外企就可以凭本事吃饭，现在才发现真枪实弹你得有，但人脉资源你也不能缺，强大的人脉资源会使你少走多少弯路，少吃多少亏呀！

伟大领袖毛主席曾说过："阶级矛盾长期存在。"企业里自然也有楚河汉界，财务部是个避风港，有完善的规章制度，除非跟自己的利益相关，否则不要轻易加入哪一方阵营。站在哪个阵营需要灵活的头脑和冷静的分析，如果投靠一方，恰好那一山头失陷，想在公司继续立足只能倒戈找新主。派系斗争很残酷，指不定哪一天你就成为阶级斗争的牺牲品。身在曹营心在汉的人大多也没有好下场，所以还是学学诸葛亮，闲时放逐田野，忙时坐镇卜卦。主公需要你，但无法牵制你，敌人惧怕你，又想拉拢你。只要懂得自保，你自然能活着等到天下太平之日。

收件箱突然又多了一封无主题邮件。刘苏点开一看，是梅发送来的上海世博会各国帅哥照片，惊鸿一瞥，倾倒众生。这是办公室美眉们最喜欢收到的娱乐邮件，有时候大家还会传阅一些讽刺老板的漫画、笑话，甚至是一些无关紧要的养生保健、时尚美容邮件。许多人都用OUTLOOK来收发邮件，因此，选择收件人的时候要小心，特别是群发邮件的时候，发出去之前看看收件人、抄送人、密送人、收件组群有没有选错，千万别自投罗网把这些垃圾邮件发给老板，给他一个炒掉你的理由。最安全保险的做法，就是不要用公司邮箱发送私人邮件，公司服务器上会留下罪证。如果是隐私话题，更不要这么做，免得像《杜拉拉升职记》里错发情侣照给所有同事的漂亮女秘书被人当作笑柄不说，还丢了工作。

第39杯 会计也要拜师学太极

你发出的邮件别人知晓你要表达的意思吗?绕地球一周才说到点子上,别人知道如何伸出援手吗?你的气场够强大吗?你的位子做得够稳吗?心里有答案了,再继续往下看,后面的问题汹涌而来。

★第39块方糖★

太极八卦,强作用力和弱作用力之间可以相互转化。学会"推手",借力打力,赛过使出浑身解数扳倒对方。

第40杯

好会计不是只会记账

陈默冷不丁成了本周的新闻人物。他跳槽了,被一家更大的公司挖角。人往高处走水往低处流,人之常情。

其他部门的员工辞职交了辞职报告,名义上需要提前一个月交接才能走人,实际上交接一周几乎就能脱手。相比之下,财务交接要麻烦许多,重要的文件交接、合同交接、账务交接等等。更何况,陈默还是财务经理,招会计容易,找个符合经理要求的人来接替他并不简单。

王琳恰好又休产假,财务部人手不够。尼基让刘苏暂时接手王琳的成本工作,章钰顺理成章地成了代经理。陈默真是个好领导。交接的这个月,他不仅毫无保留地把所有工作暂时交给章钰,嘱咐细节,还主动当起了刘苏的成本课老师,他对刘苏之前的表现相当满意,也许是性格相投的关系,对她的照顾也多一些。

这一个月对于刘苏来说,简直就是拔苗助长。以前遇到不好处理的事情,心里想有财务经理在呢,总觉得很踏实,领导叫做什么就做什么,做不好他还会检查和纠错。现在完全没了主心骨,很没有安全感。1个月后,刘苏确实体会到了这样的机会是初出茅庐的小会计快速成长的绝好机会。没有这样的机会,慢慢跟着老会计干,那还不知道什么时候才能出师。所以,千万不要怪老板把烂摊子丢给你。有利用价值,才是生存发展的基础。

第40杯 好会计不是只会记账

这段时间，通过王琳的电话授课和陈默的亲自指点，凭证录入、成本结转等工作都能上手了。

天下没有不散的筵席，大家聚在一块儿给陈默开欢送会，陈默展现了自己最不沉默的一面，一向理性的他突然感性地唱了一首《其实不想走》，虽然没有加上周华健经典的修饰音，但真情流露，打动了在场所有人。陈默二十多年的财务生涯始于出纳，如果想再往上爬，依照他不问世事、不善交际的作风，很难再有突破，只能寻求横向发展。下家给出丰厚的薪资，也为这个四十来岁的中年男人迎来事业的小高峰，可喜可贺。古德不是他唯一待过的公司，却是他待得最舒服的一家单位，因为尼基的领导作风灵活机动，手下个个积极主动，他几乎不用操心就能安于现状地待到退休。但是男人们终究是有野心和抱负的，上有老下有小的压力自然不小，找机会给自己增值是必需的。财务做久了就是金子不假，但是在同一家单位做下去只能靠每年的普调工资比例增值，像陈默这样性格的人不爱表现，很难得到老板的破格提拔，而且他也不可能超越尼基，可以说没有任何发展空间，所以唯有通过跳槽才能迅速增值。

外企没有按资论辈的说法，新来的财务经理姓王，在世界500强企业担任过要职，工作经验也更加丰富。但是从职务上看，他得听尼基的。

话说刘苏熬了一个月，眼见王经理来了，顿时觉得松了一口气。这下可以脱手了……然而她太乐观了，把希望建立在别人身上，难免会失望。新来的经理怎么可能接手繁杂的成本核算工作呢？大部分时间他都在看账本和资料，在尼基办公室里聊天。

总监办公室时不时传来他们爽朗的笑声，看来尼基很喜欢新来的经理。王经理嘴巴甜，凡事都不做主，事事汇报。哪个领导不喜欢把一切掌控在自己手中呢？尼基当然也不例外。

月底，最让会计抓狂的日子，尼基发布了一个振奋人心的消息：财务部进行一些工作调整，章钰负责向集团公司汇报的财务报表，手头的总账和税务工作由王经理暂代；刘苏专门做成本核算，往来的部分交由郁芳，大部分出纳工作将被实习生和电子银行取代。王琳四个月产假结束后，工作另行安排。

人事部并未发出新的调令，工作都是暂行安排。新来的经理能否安全度过试用期，王琳产假休完是否依旧会回归，什么都说不准。不抱希望，才不至于失望。章钰相当于总监特助（总监助理简准确地说应该是总监秘书），刘苏占据了王琳的位置，郁芳顶替了刘苏。但大家都松了一口气，不用身兼数职，每个人反而变相升了一个等级。

刘苏对不懂EXCEL的新经理充满了好奇，因为他时不时就会把刘苏叫到跟前，问她如何把两个单元格合并、怎么算合计数这些简单的小问题。次数多了，难免会烦躁，新接手的工作总被打断，好脾气的刘苏也有点失去耐心，装作没听见。

王经理个子不高，人很精神，中气十足。他由于不熟悉工作，报表也常弄错数字，奇怪的是，尼基非但没有责备，反而让大家多协助王经理的工作。

"哎，新来的经理真让人头疼，一点忙也帮不上！"连郁芳也在低声嘀咕。

这家伙有什么特殊的本事呢？

新官上任三把火，老江湖总能一眼看出端倪，第一把火就烧到了资历较浅的刘苏头顶上。王经理眉开眼笑地瞅着刘苏说道："一些基础的会计报表就由你来做，很简单的啦……我会教你如何做！"

刘苏很生气，心里愤愤不平：不是说好让我做成本核算的吗？那你干什么？

是呀，这位大爷账也不做，现在连报表也不做，到底来干什么？领着财务经理的工资来当税务会计，算盘打得也太精了吧！

大伙儿忙得像陀螺，他却很悠闲。女人本来就爱八卦，从同事的话语中，

第40杯 好会计不是只会记账

刘苏也感觉到她们对他也非常不满。

过了2个月,一次公司会议上,约翰眉飞色舞地夸赞财务部资金流控制得好。从来没有听咆哮王这么高度评价过一向低调的财务部。原来,王经理和ABC银行的头头交情颇深,常常一起打麻将,贷款很快又办下来了,而且还从利息上得到了更大的优惠。

刘苏心里暗自佩服,原来他忙这个去了。知道老板需要什么,这才是最有价值的员工。

供应商催款,王经理面不改色地跟他们寒暄,时不时按着跟前的计算机。虽然没人喜欢大献殷勤的人,但吹嘘拍马在中国是很受用的。王经理说服对方又延长了3个月的账期,这样在资金上大大缓解了压力,这些都是以前的陈默从来没有打算去做的事情。对方也会想,古德若是因为资金周转不灵宣告破产,鱼死网破,他们也会跟着倒霉。新来的经理挺会来事,自信满满地打包票会在三个月后支付拖延已久的货款,自己不妨做个顺水人情,给对方面子,不给自己断了后路。王经理知道外人在想什么,颇具大将之才。

有时候,王经理望着忙成一团的会计们会笑着说:"会记账有什么,老板最需要的不是这个!"

那老板需要什么?

许多会计们最害怕或者最不喜欢去的地方就是税务局和外汇管理局之类的官府衙门,门难进,话难听,脸难看,事难办。顶着大太阳,捧着一大堆资料先站半个小时,等对方和朋友八卦完挂上电话才轮到你发言。

每个月初,会计的情绪波动会和生理周期一样,因为又要去办事了。会不会因为缺资料被卡?专管员又会出什么花招让你多跑几个回合?典型的会计焦虑症。贷款没批下来,资金紧张,就需要填写延期缴纳申请,求爷爷告奶奶地把申请递上去,一级一级地跑,装孙子换来的顶多是延期一周。王经理压着供应商的贷款,先交了税金。若是被定位为信用低下的单位,

小会计成长记

专管员就会像猫捉老鼠似的每个月玩你没商量，俨然把你当作偷税漏税的嫌疑犯，问个不停，这个不行重新报，那个又不行。噩梦般的报税经历在每个没有背景没有门路的小会计身上都出现过，但王经理有本事化解。

中国企业的税负不轻，官府衙门若是没有疏通好，确实很多事情都非常难办。税金和利息一样都是有浮动比率的，打理好政企关系，在合理范围内可以少交一部分。当初，为了出口退税和缴税的事情，约翰骂骂咧咧地说，种的粮食都被地主占了。税务局不是老板开的，不是说退就能退，你想交多少就交多少。王经理报税的时候总是带着标志性的职业微笑，放

第40杯 好会计不是只会记账

下经理尊贵的身段，客气地跟办事员打招呼。每次去不是带上几杯冰咖啡，就是几张电影兑换券。不久，他就顺利约到了管辖区域的局长吃饭。

有时候，吃饭就是硬任务。王经理不仅和局长豪饮，还召集手下所有美女做陪。席间，刘苏、章钰，还有郁芳都不太说话，象征性地喝了几个回合。只有尼基、王经理和税务局领导们有说有笑。几杯下肚，衙门官员似乎被哄得很高兴。紧接着，官差们开始大吐苦水，任务重、有指标，并不是刻意为难辛苦经营的企业。王经理心知肚明，表演自然，也跟着一个劲地吐苦水：资金紧张，老板小气。但尼基是个有话语权的大方领导，一旦公司经营顺畅，该交的一个子儿都不会少。现下确实困难，需要领导们放放水。这马屁拍得多到位，一举两得！

说实话，原以为尼基会讨厌这个矫情伪善的新经理。但事实却相反，尼基能包容所有能为公司做贡献的人，为公司省钱的员工，哪个老板不喜欢？

至于有没有贿赂官员，这个就不在刘苏等人的认知范围内了，但是哭穷和奉承确实管用。

王经理更像是财务部的公关经理，没有他解决不了的外联问题。人民银行（号称"银行的银行"）时不时卡古德的外汇进出，他也有办法应对。这回不是吃饭。他知道尼基喜欢打高尔夫，投其所好地组织了一个活动，利用自己广阔的人脉关系把人民银行外汇管理局的科长请来一同参加。之后，连每次去办事的郁芳都感觉到了专管员的态度有了极大的改善，每次见面都笑脸相迎，落下了东西还帮忙收着。不被当作狼狈为奸的嫌疑犯，感觉不赖！

尼基大悦，称王经理是一匹黑马。身份有了新变化，依靠他人建立威信，难免会失望，因为不是人人都会忠心耿耿、从一而终。根据自己的个性制定解决问题的方案才是王道。对于基层职员而言，新旧领导的风格就像平行线，把希望建立在新领导身上，简直就是天方夜谭，但每个人身上都有闪光点,不要否定别人的优势,也不要妄自菲薄。高手如林的外企可谓卧虎藏龙,千万别小瞧看起来武功平平的人。

> ★第40块方糖★
> 原来英雄不一定个个都是手持青龙偃月刀、骑坐赤兔马。能打胜仗的就是真英雄,能当领导的无须绝妙的专业技能。各司其职,各尽其力。

第 41 杯

谨言慎行，心中有乾坤

小小的改朝换代，还是让人感觉不安。领导风格有变化，员工也得有本事应付。

梅又在午餐时间讲笑话，大家都乐坏了。

一天，某精神病院的院长打算测试一下病人们的恢复效果，让人在食堂墙上画了一只保险箱。餐点时间，所有病人看到保险箱都丢掉了餐盘蜂拥而上，如同一群厮杀的猛兽。只有一个人默默地就餐。院长的心情很复杂，为医院的医疗效果担忧。他走上前去问那个纹丝不动的人为什么不和大家一起去撬开保险箱。那人捧腹大笑："哈哈，他们都是傻瓜！"院长大喜，终于看到了一丝希望，至少还有一个人被医好了。

孰料，那个家伙边吃边接着往下说："这群笨蛋，钥匙在我这里呢！"院长昏厥。

这个心里有钥匙的病人其实大智若愚，你也可以讽刺他大愚若智。不管他怎么看待保险箱是真是假这件事，他还是吃上了热饭菜、没有受踩踏事件影响，稀里糊涂地当上了有福之人。

混迹职场多年，不聪明的人也会被折磨得聪慧起来。懂得做一个韬光养晦、不跟风的愚者才是真正的智者。因为眼前利益，就使尽浑身解数表现自我，早晚会被人当成"眼中钉"。院长放弃了最后一个"聪明人"，必定会将他与其他人一样看待。而那个自以为聪明的病人，必定会和病友和睦相处，自然不会被视为痊愈而赶出精神病院，他依然可以在这个圈子里面悠然自得。

不过，你不能真傻，只能装傻。装傻是一种境界，是聪明人所为。这并不是让你唯唯诺诺、忍气吞声。任何事情都有它的模糊地带，装傻是换一种方式，把工作中的小事不露痕迹地模糊处理，自然皆大欢喜。

做个职场傻瓜赛过职场诸葛，原因总结如下：

(1)装傻的人容易得到老板的信任。有些事情明明知道，却要假装不知道。比方说，你老板的朋友来催账，老板把你叫到办公室狠狠骂了一通，然后笑嘻嘻地跟对方说你太迷糊，居然忘了申请款项，这事他会放在心上。事实上，你被老板命令停止向这家供应商付款，因为公司资金周转不顺。这个时候，你就得替老板背黑锅。倘若在老板面前辩雄雌，一来伤了双方和气，二来会让老板认为你不忠，三来也让外人嘲笑。于是，装傻的艺术便产生了美妙的效果。有时，老板也会对同事撒谎，对着你指桑骂槐，实则在警告对方。大可不必刻意去当面揭穿他，更不要在同事面前嚼舌根。洞悉一切后，你可以会意一笑：我已经知道该怎么处理了。特别是有人在场的时候，你一定要给足他面子，维护他在客户或下属面前的高大形象。虽然你在工作中受了点委屈，但是老板却记在了心上。不争辩是非，对老板言听计从，适当的时候往自己脸上抹点黑。学会装装傻，你会成为老板的心腹。

(2) 装傻的人可以"扮猪吃老虎"。多年职场生涯积攒了多门武功，但未必样样精通。销售部接替玛格丽特的新人伊莎贝尔刚入职就大张旗鼓地帮忙筹备公司展会事宜，因为光芒过于耀眼，很多人心里不服，对她过于自我表现的行为实施"非暴力不合作"，声称对此不熟悉。结果，伊莎贝尔心高气傲，不愿主动找人配合，忙得焦头烂额，连吃饭的时间都没有。会展中心提供的展位、参展人员名单、住宿、宣传手册、参展价位等统统

第41杯 谨言慎行，心中有乾坤

都由她一人追踪完成。所谓智者千虑必有一失，参展当天，匆忙间居然忘了带公司宣传册。大家都把责任推给她，因为谁都没有参与这件事。没多久，伊莎贝尔自动离职。职场冷暴力可以驱逐不合群的猛虎，过于自作聪明地展现自我能力一定会被"傻瓜们"踢走。

（3）装傻是最好的防身术。人在职场，暗箭难防，只好兵来将挡水来土掩。挡不住怎么办？装傻吧。没人会对一个没有半点威胁的人下手，觉得这是浪费时间和精力。在工作中沉淀几年后，你不再是个愣头青，学会处好绝佳的人际关系是让自己在职场拥有一席之地的盾牌。如果同事的女儿生病了，她想请个假出去一会儿再溜回来。这时，老板突然来袭，你是就此打小报告呢，还是故意装傻把事情糊弄过去？多数人会选择后者，因为赶回来的那个同事会感激你，别人都会认为你没有攻击性，自然不会被视为"眼中钉"。即使老板发现了这件事，他也不好拿你是问。大家相安无事地共处一室，各自发挥各自的长处。有了良好的群众基础，将来有一天老板要升你的职，恐怕多数人都会投赞成票。

（4）不用装，也有真傻的。人间万象，有傻根那样的同志吗？当然有。乐于助人、热心善良的人比比皆是，这给明争暗斗的办公室增添了些许春风。真傻也好，假傻也罢，傻人有傻福这话总不会错。即使没有竞争意识，也能稳坐其位，不求飞黄腾达，只求细水长流。

对付新领导，装装傻，不要急于表现，要见机行事！

★ 第41块方糖 ★

有靠山、具备攻守能力，你还有啥好怕的？做一个高情商的傻瓜比做一个高智商的聪明人要轻松得多。性格决定命运，细节决定成败。有时候，工作拿满分，不如做人拿满分来得轻松。

第42杯

忙，不代表有效益

为什么我们的工作每天都是 Update（更新）？事无巨细，却不能越俎代庖，命令其他部门的同事与自己同步。每个人都说自己忙得连上厕所都是一件奢侈的事情。真的有这么忙吗？

行政管理人员没有加班费，忙来忙去就是为了每个月的那份死工资吗？加班遇到老板算是中奖，平时马不停蹄地忙活都是白搭。忙，能出效率吗？或者，能出效益吗？

外企特别强调 Schedule（日程表），每项工作几乎都有一套详细的日程表，每个关键环节都有相应的 Due Date（期限），什么时候该出数据，什么时候记账，什么时候出报表。

倘若工作在期限内完成，你也可以上开心网，上 QQ 聊天。不过很多企业都封杀了腾讯，因为娱乐性太强，没有自制能力的员工容易丧失正确的时间分配能力。上网无错，看了一堆蝌蚪文，是时候让干涩的眼睛休息一下，放松心情。兵来将挡水来土掩，封杀 QQ，可以用网页 QQ 替代，甚至有 WIFI 功能的手机也可以玩转 QQ。但是，小心老板突然站在你身后，你的一举一动都在他眼里。

再来看看刘苏同学是否真的忙出了效率，小妮子花了一个月开发自己的潜能，分录做得有模有样。每天加班把手头工作做完才离开，王经理对刘苏的印象也不错。

刘苏学做分录很认真，时不时会打电话给休假的王琳，慢慢地她也学会了处理成本相关的业务，比如：

(1) 购买原材料一批，支付支票 10 000 元，发票上的货物金额是 8 547 元，税额是 1 453 元，原材料办理了入库。

借：原材料　　　　　　　　　　　　　　　　　　8 547
　　应交税金——应交增值税（销项税）　　　　　 1 453
　贷：银行存款　　　　　　　　　　　　　　　　　10 000

王琳在电话里叮嘱："购入用于加工的材料，计入原材料，购入使用的材料，计入周转材料——低值易耗品。购入材料缴纳的增值税为进项税额。"

(2) 购进一批商品，金额 30 000 元，税额 5 100 元，合计 35 100 元，开出 3 个月期限的商业汇票一张。

借：库存商品　　　　　　　　　　　　　　　　　30 000
　　应交税费——应交增值税（进项税）　　　　　 5 100
　贷：应付票据　　　　　　　　　　　　　　　　　35 100

王琳夸赞："丫头的功课做得不错啊！"

(3) 从 P 公司购买的包装物到了，没收到发票，货款未付。合同规定是价税合计 5 000 元，其中货物金额 4 273.5 元，税额 726.5 元。

借：周转材料——包装物　　　　　　　　　　　　4 273.5
　贷：应付账款——P 公司　　　　　　　　　　　　4 273.5

王琳叮咛："没收到发票，如果不知道价款的，要暂估入账，先不记应交税费。"

熟能生巧，刘苏进步很快。尼基疾步走向人事部，跟灭绝师太交代了几句。

次月领到工资，数字有了一些变化，刘苏终于不再视金钱如粪土。留住员工最好的方式，莫过于给些小恩小惠，这才能大大激励员工斗志，工作效率就等同于生产力！

★ 第42块方糖 ★

哲学家对于忙碌的见解是：人们总爱在有时间的时候，刻意制造忙碌；当真正需要他们付出时间的时候，他们总是抽不出时间来。只有忙忙碌碌地创造出了生产力，你才算忙得有价值。

第43杯

一眼看懂财务报表

在外企,老板永远是对的。你可以崇洋媚外,也可以孤芳自赏,但是别忘了你的老板是谁。外籍老板永远欣赏具有新思维的员工,当然他们也会入乡随俗地"拍马屁",比如尼基会时常称赞章钰的衣服好看,夸刘苏的新发型漂亮,人手短缺的财务部居然一点也没出现水深火热的局面。虽说"正心、修身、齐家、治国、平天下"的批语放在尼基身上会显得有溢美之嫌,但他像一台天平,平衡着部门内部的关系、部门与部门之间的关系、公司与外部的关系。

相爱容易、相守难,刘苏和黎柏一的感情在聚少离多的岁月里慢慢消耗殆尽。好吧,至少还有一份看起来很体面的工作可以守住。

午休,尼基请刘苏去星巴克喝咖啡,因为她帮他淘到了他最喜欢的一张爵士乐CD,刘苏不好意思收钱。她点了一杯焦糖玛奇朵,而老尼永远都是清咖,他们开始了交谈。这次谈话的主题是:如何做财务报表。

王经理是公关高手,也是太极拳高人。记账、做报表的工作几乎都推给了刘苏。潜力大爆发也有能量耗尽的时候,所以只得求助老爷子。

"其实很多看起来复杂的事物,你只需要用分割法把它分成简单的几部分。看看我手里的这杯咖啡,假设老板投入2万元,需要购置设备3万元。巧妇难为无米之炊,没那么多资金只能外借了1万元。很容易理解这

3万元是资产，1万元是负债，3-1=2，这2万元就是所有者权益。这三个要素组成了资产负债表。"

一杯咖啡喝完，尼基慢条斯理地冒出一句："弄清来龙去脉，找到源头，就能顺理成章地得到你想要的结果。"

3、2、1的比喻确实简单易懂，老爷子最后一句话耐人寻味，实际操作并非如此浅显，还需要深度挖掘。

会计报表究竟是什么呢？

刘苏打开所有的大脑搜索引擎，记得大学里的一节财务管理课上，那个把PPT课件做得像广告一样花哨的老太太曾经很细致地提及这个会计知识。

会计报表是企业的会计人员根据一定时期（如月、季、年）的会计记录，按照既定的格式和种类编制的系统的报告文件。随着企业经营活动的扩展，会计报表的使用者对会计信息的需求不断增加，仅仅依靠几张会计报表提供的信息已经不能满足或不能直接满足他们的需求，因此需要通过报表以外的附注和说明提供更多的信息。比如说，政府职能部门关心的目的和重点在于统计、监管、税收，集团公司关注的则是计划、预算和决策，出钱的股东只想了解公司财务状况、业绩以及资产回报率，企业内部则重视总结、检讨和调整，至于银行、会计师事务所会把重心放在信贷和评估上。企业不必为不同的使用者单独编制不同的会计报表，而是根据国家统一的会计准则和会计制度，为不同的使用者提供同一套会计报表。只需要把重点突出即可，不需要的部分可以隐藏起来。会计报表中各项指标必须真实准确，如实反映企业经营活动情况，不得弄虚作假或包含任何臆测成分。一般来说，会计报表不允许任意取舍和擅自变更项目的排列与内容，其种类、格式、内容、处理方法根据会计制度和会计准则都有统一的规定，只有按规定将所有项目填列齐全才能发挥会计报表应起的作用。

刘苏似乎跟上了节奏，尼基继续说道："每一项看起来复杂的事物都是由简单的事物搭建而成的，就像一座楼房，必须要有地基、钢筋水泥、设计师的蓝图、工人的劳作等等。

现在我用杯子搭出会计报表的金字塔结构。

最高层：会计报表。

第四层：汇总表。

第三层：各级明细账表。

第二层：记账凭证。

第一层：原始凭证。

固定资产、在建工程、应付工资等可直接根据汇总账余额填制；存货可由物资采购、原材料、包装物、低值易耗品、半成品、库存商品、分期收款发出商品、委托加工物资、委托代销商品、生产成品等几个相关构成部分的汇总账余额总和填制；产品销售成本、财务费用等由汇总账借方余额填制；销售收入由汇总账贷方余额填制；应收账款、待摊费用等由汇总账所属的明细账户的借方或贷方余额之和填制。

会计报表是会计信息构成的建筑物。对于初次接触会计报表的人来说，能盖间小平房就不错了。建不了高楼大厦，就干脆搭三座简易房子，找到资产负债表、损益表、现金流量表三张主要报表之间的联系，把它们结合在一起，就能反映出企业的基本情况，如偿债能力、经营能力、周转能力等。

第一间房子：资产负债表

$$资产 = 负债 + 所有者权益$$

这是盖房基础，你的目标就是让等式左右两边的数字相等，地基才算打得牢固。例如，收到实收资本1 000万元存入银行，银行存款必定增加1 000万元，相当于资产多了1 000万元，负债无变化，所有者权益增加了1 000万元，等式成立。

第二间房子：利润表

相对于资产负债表的静态性质，利润表则是一张动态报表，每月的利润表就好像企业的质量检测评估单，反映了当月的盈利或亏损状况。

同样地，它也有地基：

$$收入 - 费用 = 利润$$

搭建这间房子需要三种材料：收入、费用、利润。

利润表相对资产负债表来说，各项数字之间都有联系，就好像工人作业时都有既定的流程，先解决水电，再涂墙、粉刷、铺地板，最后安装家电，房子才能做得精细、漂亮。否则就是一团糟，刷好了墙才发现电线分布有问题，铺好了地板才发现还有一面墙忘了刷，好不容易安装好了家电才发现地板铺得不够整齐，返工还是抢修，忙乱中还容易出错，什么时候才是个头。不如按照下面的步骤细心装修你心爱的家：

$$主营业务利润 = 主营业务收入 - 主营业务成本 - 主营业务税金及附加$$

$$营业利润 = 主营业务利润 + 其他业务利润 - 销售费用 - 管理费用 - 财务费用$$

$$利润总额 = 营业利润 + 投资收益 + 营业外收入 - 营业外支出$$

$$净利润 = 利润总额 - 所得税$$

有了房子，才能预测你的未来是否安定、幸福。无论是单身还是已婚，你都拥有了一个挡风遮雨的避风港，努力付出终于有了成果，你才会对未来充满了希望。如果房子因为资金不足、付出不足而建得不好，甚至偷工减料，你的屋子早晚要倒塌。利润表就是一张能提供给企业了解现在、预测未来的神奇报表。

第三间房子：现金流量表

地基：

$$现金流入量 - 现金流出量 = 现金净额$$

目标：揭示目前你口袋里曾有多少钱、支出了多少、还剩多少，这里的现金包括现金和现金等价物。有多少钱办多少事，如果你很富有，第三间房必定富丽堂皇；如果你很贫穷，第三间房必定寒酸简陋。

材料：经营活动的现金净流量、投资活动的现金净流量、筹资活动的现金净流量。

现金流量表是对资产负债表和损益表的补充和完善。资产负债表反映了企业一定时期期末的财务状况，损益表说明一定时期的经营成果，而现金流量表则可以解释财务状况的变动原因和过程，并说明经营成果对财务状况的影响。所以，资产负债表、损益表、现金流量表是独立而统一的个体，相互影响、缺一不可。

之前提及的很多经济业务都有一个不变的规律：不会破坏资产负债表的平衡：

$$资产 = 负债 + 所有者权益$$

科目之间必有增减变化保持平衡。

有了这三间房，你还怕什么呢？"

★ 第43块方糖 ★

每天进步一点点，将小水滴积攒成小河流。

第44杯

你的目标，你决定

工作基本稳定，对于一个25岁的女青年来说，此刻的目标无非就是找个好人家嫁了，剩者为王的斗志还是留给女强人吧。

刘苏的待嫁名言是：没有迷你库柏和10万礼金做嫁妆，只有一颗陪你到老的心（后面一句是《裸婚时代》里的台词，男主角刘易阳的求婚很经典："我求求你嫁给我，虽说我没车、没钱、没房、没钻戒，但是我有一颗陪你到老的心！等你老了，我依然背着你，我给你当拐杖；等你没牙了，我就嚼碎了再喂给你吃；等你死了以后我再死，要不把你一个人留在这世上，没人照顾，我做鬼也不放心！童佳倩我爱你！嫁给我吧！我爱你！"女主角被融化了，一昏头就嫁了）。

现实中的男人却骄傲得很，有条件的也会戴上放大镜挑老婆。物价飞涨的年代，什么都不值钱，钱已经不是钱，但没钱一定不幸福。像刘苏这样的"三没女"（没房、没车、没社会地位），25岁就是分水岭，越老越不值钱，这跟机器折旧是一个意思。

刘苏穿着一套特步运动衫去健身房，那是她在安全生产演讲中得到的奖品，虽然不是什么名牌，但穿着很舒服，刘苏对品牌不讲究，只注重质感。

跑步机上人满为患，只能等位置。一个早已汗流浃背的家伙挺不住了，终于停下脚步。刘苏卡位成功，跑了一会儿有些喘不过气，放慢了速度改

第44杯 你的目标，你决定

快走。旁边那台机器上有个很熟悉的身影，好像在哪儿见过，但又一时想不起来。

跑了五分钟，扭头五次。被偷瞄的男人也放慢了脚步，转过头来发话："刘苏，你的记性也太差了吧！"

哦，想起来了，原来就是派出所替她解围的男子。

他叫魏澜，黝黑的皮肤，健硕的身材，乍一看以为是健身教练，其实是个初出茅庐的室内设计师。

两人在跑步机上边走边聊，海阔天空地说起办公室故事、旅游故事、减肥经历等等。

从健身房出来，两人依旧话题不断，也不知道怎么有说不完的话。

刘苏告诉他，自己曾经的理想是当一个图书管理员，轻松自在，因为傻大姐的个性并不能适应办公室的钩心斗角。她曾经认识一个奇女子，东南西北地闯荡，现在的梦想却是守着家里的一亩三分地。花60万在郊区买了两居室的房子，其中50万是自己工作三年的积蓄，剩下的都是贷款。换了份清闲的工作，每个月领着2 000块的薪水，找了个憨厚纯良的老公，在阳台上种番茄，在院子里种青菜、黄瓜和葡萄，过两个人的小世界。除此之外，还有一只可爱至极的金毛，会在老公出差的日子里蹲在沙发上陪她一起看电视。幸福的生活就是这样！

魏澜比刘苏大两岁，工作经验也多一些，告诫她不要太理想化，考虑职业发展只需要想一想自己擅长做技术还是管理，想一想自己的目标究竟是什么。

咦？这话怎么那么耳熟？尼基也曾经问过刘苏：你的目标是什么？

工作第二年的刘苏依旧回答不出这个问题，但尼基却实现了自己的目标——荣升集团财务总监。金融危机时代，实业难做，经营状况忽好忽坏，集团公司本想关掉古德，把宝押在最赚钱的房地产业。由于尼基和约翰的力保，大家才不至于丢了饭碗。

是啊，该考虑考虑自己的未来了。事业优先，还是姻缘优先？

★ 第44块方糖 ★

目标就是眼睛总是瞄准了的那块蛋糕，咬下去，再瞄更大的那块。知道自己要什么，比知道自己不要什么，能更快吃到美味的蛋糕。

第45杯

用财务杠杆可以撬动整个企业

很多人唱着《我的未来不是梦》，却不知道自己虚度了多少光阴。

如果你的物理学得不错，一定懂得这个实验原理：利用一根杠杆和一个支点，就能用很小的力量抬起很重的物体。学习任何知识，除了系统的培训之外，还需要用巧力，找到窍门，以快速达到目标。

对于企业来说，盈利是终极目标。但是未来有太多不可抗力，无法预测的风险仍然会威胁到经营者。而财务杠杆却是财务管理人员常用的工具，是企业利用负债来调节权益资本收益的手段。合理运用财务杠杆给企业权益资本带来的额外收益，即财务杠杆利益。同时，由于财务杠杆受多种因素的影响，在获得财务杠杆利益的同时，也伴随着不可估量的财务风险。企业财务风险的大小主要取决于财务杠杆系数的高低。一般情况下，财务杠杆系数越大，主权资本收益率对于息税前利润率的弹性就越大，如果息税前利润率上升，则主权资本收益率会以更快的速度上升，如果息税前利润率下降，那么主权资本利润率会以更快的速度下降，从而风险也越大。反之，财务风险就越小。财务风险存在的实质是由于负债经营从而使得负债所负担的那一部分经营风险转嫁给了权益资本。

书本上的知识还不足以解决实际生活中遇见的各式问题，积少成多、由浅入深地去了解那些常常听到、但对你来说很生疏的知识，了解每样技能的诀窍和用途,你才能学到精髓。从一位人生导师身上学到的,必定比你从枯燥的书本里挖掘到的要生动丰富得多,刘苏打心眼里感激尼基的一路指点和提拔,可惜今后一切都要靠自己了。

★ 第45块方糖 ★

用财务杠杆可以撬动地球,用有限的时间创造无限的价值可以掌握自己的未来。

第46杯

工资，让我欢喜让我忧

来来往往的人群，总有悲欢离合。尼基邀请大家参加家庭聚会，也算是个告别仪式。休完产假的王琳也出席了。姐妹们又聚在一起，乐不思蜀，分享着近日的心情。看着王琳手机里的宝宝照片，流口水的样子很萌，未婚的女士们都有些恨嫁。

尼基的妻子依莲也特地到场，这是大家第一次看见他传说中的贤妻。

魏澜居然也在邀请名单之列，原来，同行的男人是他的老板，也是尼基在中国的高尔夫球友。

大家相谈甚欢，趁着酒兴起哄把刘苏和魏澜凑成对，乱点鸳鸯谱。

也许他没有那么喜欢你，几次偶遇也只能算是巧合。但是他确实是个不错的人选，缘靠巧合，分只能人为，为何不去尝试呢？

刘苏心里有了答案。

话说在古德工作两年，刘苏付出了双倍的努力，但一直都没有得到实质的奖赏，心里总归有些不平衡。有时候想一想，得到的学习机会就是无价之宝，同龄人未必有这样的见识和阅历。但从多劳多得的角度来看，一人分饰几个角色，她确实只是一个傻乎乎的长工。

最佩服算工资的人，看完所有人的工资，心态还能那么好。即使用各种理由，甚至辞职的伎俩威胁老板给你加薪，结果只有两种可能：不仅不加，还被打入冷宫；即使加了，以后也要时刻提防你，分流你的工作，架空你，或者工资涨了2倍，工作量涨了3倍。所以，在工作中遇上好老板就是好福气。

人活一世，拍着胸脯自称不虚荣、不攀比、不在乎，那才是真的虚伪。互联网上，无数小白领、公务员在论坛里晒工资、晒福利、晒待遇，你能不心动？

走过大锅饭时期，物欲横流，不是你付出得多，就能拿得比旁人多。会计行业中有个不成文的"潜规则"：操着卖白粉的心，赚着卖白菜的钱，你就当一笑话，听过就算，否则心里还不堵死。为什么财务经理的收入是你的三倍以上？道理太简单了，一万个会计里，估计不超过一百人具有财务管理的能力。他重要，并且不可替代，当然收入高。如果你能成为这百分之一，超高的技能必定也能让你所向披靡。

高尔夫领域的翘楚——老虎伍兹在2005年时年度收入就已经高达1.15亿美元，伍兹不仅在高尔夫界稳占鳌头、连续蝉联体育界收入最高的体育运动员，而且是一个品牌。当你无可取代时，你的价值便产生了。

请注意，这里所说的"无可取代"是指人是不可替代的，而不是岗位。比方说，你觉得你这个小会计在上司和老板眼中很重要，因为只要你算错一笔账，公司有可能就会有损失。而你为公司计算成本，帮助老板做运营决策，功不可没。但是你想一想：如果这份工作换一个工作经验更为丰富的人来做，他／她可能只需要一半的时间就能完成。

想增值，就应该想办法让自己变得重要，变得不可替代。当你有自信变成高尔夫界的伍兹、篮球界的乔丹、文学界的老舍，你的老板还会吝啬吗？假如你离开了他，他一定会真心诚意地挽留你，因为他再也找不到第二个人来取代你。假如你的离开对正常业务一点影响都没有，那么你的价值自然低。选择一个适合自己的职业，不断积累经验，提升专业素质和能力，在自己的专业领域站稳脚跟，攒够实力再跟你的老板谈加薪吧！

第46杯 工资，让我欢喜让我忧

不是人人都能成为伍兹、乔丹和老舍，那么我们可以考虑以一个榜样为目标，当你能成为他，或者接近他时，你会发现你的价值在一点一点提高。当你自信地向老板提要求，并且他也认可你的能力时，你的收入自然会越来越高。

对于我们年轻一辈来说，放平心态最重要，事事不可强求。有容乃大，无欲则刚。世界上有很多东西是免费的：阳光、海水、空气、亲情、爱情。迷糊的时候什么都丢，就是不丢人。想为社会做贡献，但去西部支教的梦想或是做流浪猫狗的义工志愿总会败给理性。你会担心一路上会不会遇到匪徒劫财劫色，到了荒凉之地有没有水洗澡。如果连洗脸、喝水都成为一种奢望，你就会哭着鼻子想家了。不敢奢望一份工作与兴趣相结合，活在当下，有些事情不用去说，老板都会看在眼里。操之过急，只会物极必反、弄巧成拙。努力改变可以改变的部分，接受无法改变的另一部分。

演说达人乐嘉老师曾在一档电视节目中说起他一直研究的色彩性格学，如果一个红色性格的人总是高效完美地完成老板的任务，而老板也习惯性地为他／她的工作增加更多挑战和分量。爽朗有冲劲的红色性格的员工一定会抱怨，而且工作会失去斗志，因为老板没有一句鼓励的话，也没有给予任何物质奖励。老板一般都是黄色性格的人，有目的性，话不多说，不看过程，只看效果。他／她给你的工作加大马力，就是对你最好的嘉奖。看来，如何在职场谋得一席之位，与领导和平共处，心理学着实是门不小的学问。

又到毕业季，很多毕业生成了"毕剩客"，不是看不上待遇差的工作单位，就是够不着世界500强的门槛。刘苏想起了自己刚进古德的日子，一步、两步、三步，在楼梯口徘徊着，不知道该如何与新同事打招呼的那个羞涩女孩显然已经成长。不计得失，不好高骛远，不抱怨，努力完成分内的工作，在任何岗位都能发光发热。

★ 第46块方糖 ★

人生就是一场博弈,发牌的是上帝,不管是好牌还是烂牌,你都必须拿着,你的价值是由你的努力程度和人生际遇决定的。

第 47 杯

工作是为了让生活更美好

平衡好心态,别忘了提高技能。虽说几年的实践经验已经让你能在自己的岗位上独当一面。不过,一旦当上了会计,就跟考试结下了不解之缘。这和医生、老师的职业差不多,只要你想上进,各种职称考试变着花样袭来。这个社会竞争这么激烈,难保你现在所在的公司会支撑不下去,或者随时有人可以取代你的位置。想让自己处于不败之地,不得不抓紧时间,趁着年轻有精力的时候好好给自己镀层金。

会计这个职业就像一场马拉松,发令枪打响,接下来就是各个选手之间体力、耐力、毅力的博弈。看似没有尽头,但坚决不能让自己轻易停下来。刘苏是个上进的好姑娘,趁着还没结婚生子,赶紧给自己补充点新能量。

网上的各种考试和培训琳琅满目,跟会计相关的大致有:会计从业资格、初级会计师、中级会计师、高级会计师、注册会计师(CPA)、国际注册会计师(ACCA)等。

一般来说,初级职称难度不大,是通往中级职称、高级职称的必经之路。如果你从事会计行业未满4年,是没有资格报考中级职称的,除非你已经有了初级职称这张通行证。当然,如果你对自己非常有自信,也可以报考注册会计师,通过会计、审计、财务成本管理、公司战略与风险管理、经济法、税法几门考试,你就可以算得上是会计中的精英了。到时候,不是你找工作，而是工作来找你。一旦你拥有注会执照，不仅会有潜力无限大的薪资升值空间，而且各大会计师事务所和猎头公司一定会打爆你的电话。至于ACCA (the Association of Chartered Certified Accountants)，它是全球规模的专业会计师组织，也是最早进入中国的国际专业会计师组织。ACCA考试是一个系统性的学习体系，宽进严出。考生可以在备考中全面学习财务及商务英语，一共要历经14门课程的考核，才能成为可以驾驭跨国集团财务工作的高级人才。但是对于刘苏来说，她还没有中级职称和高级职称的报考资格，而CPA和ACCA显然难度太大了些。看来对于职场新人来说，只有初级会计师职称考试比较适合挑战一下。

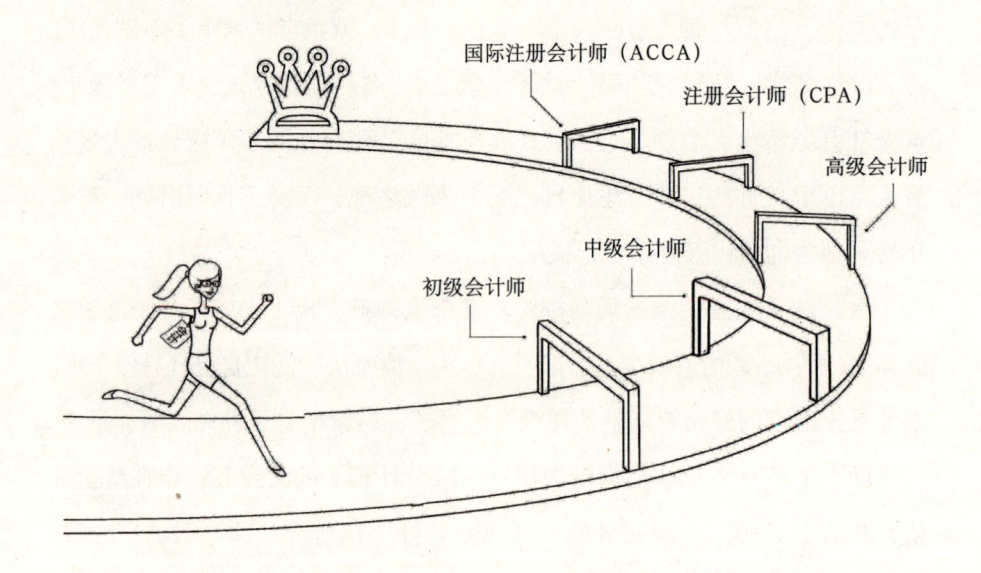

初级会计师考试设置两个科目：《初级会计实务》《经济法基础》。

报考条件如下：

（1）报名参加会计专业技术资格考试的人员，应具备下列基本条件：

①坚持原则，具备良好的职业道德品质。

②认真执行《中华人民共和国会计法》和国家统一的会计制度，以及

有关财经法律、法规、规章制度，无严重违反财经纪律的行为。

③履行岗位职责，热爱本职工作。

(2) 报名参加会计专业技术初级资格考试的人员，除具备以上基本条件外，还必须具备教育部门认可的高中毕业以上学历。

每年初级会计师考试报名工作于前一年的10月份进行。原先职称考试时间是每年5月，近年来已经调整至10月进行，这也给考生们留下了充足的备考时间。

刘苏对照网页上关于报考初级会计师的条件，发现自己可以尝试一下。

王琳回来，原以为位置不再，处境有些尴尬，但这并没有影响同事之间的友好关系，刘苏依然会向王琳请教许多专业问题，包括职称考试问题。

王琳已经算得上是老会计了，参加过几次会计的相关考试，经验非常丰富，她总结了几个经验：

(1) 认真看书是必要的，不过也是有技巧的：先走马观花，然后融会贯通，搞不清楚的分录多做几遍，搞不懂的题目多练几遍，一直做到熟悉为止，考试的时候自然就胸有成竹了。

(2) 不要忽视真题的作用。把往年的考试题目多练习几套，把握考试规律，触类旁通，必定手到擒来。

(3) 职称考试与高考、中考不一样，只需要60分就可以过关。倘若复习得不够充分，也可以碰碰运气，遇到拿不准的单项选择题可以用排除法。多选题和判断题也可以通过找关键字的方法猜一猜。不管怎样，60分万岁，多一分浪费。

在王琳的指导下，刘苏很快买到了合适的教材，开始复习。书上的内容很全面，但是很多知识都是实践中没有接触到的，比如长期股权投资、其他货币资金等，这些都是念书的时候老师粗浅地讲过的。但由于工作了几年，很多知识点早就还给老师了，这就需要时间去回忆，才能把这部分知识补回来。

王琳说："这就是教材和实际的差别。作为一本好的教材，必定会囊括所有的跨级业务，而实际业务中我们未必用得着。对于考试，没人愿意周而复始地年年参加。既然报名了，选择了会计行业，那就坚持到底吧。"

刘苏卖力地点点头："嗯，为了理想而奋斗！"

王琳："哈哈，是为了肚皮和饭碗而奋斗！"

两人相视而笑。

话说，王琳回来了好几天，都没有什么具体的工作，她找到王经理想谈谈自己的想法。但没等她开口，王经理已经开始向她道歉："对不起，对不起，这两天忙着董事会的资料，差点把我们的超级妈咪给忘记了。首先，恭喜你升级，当上了妈妈；其次，我也很希望培养你做我的助理，所以会把更重要的工作交给你！"原来，尼基在离开前向王经理提议：由王琳接手税务并慢慢接触主办会计的工作，而刘苏则继续做成本，两人的薪酬都有所增加。可爱的王经理立刻拍板：正有此意！勤奋的员工值得拥有更高的报酬。花了少量的金钱，留住两个能帮自己的省心员工，自己只需要运筹帷幄就行，高兴还来不及呢！

生活就是这样，你不知道下一站会在哪里停下，会看见什么样的风景。你在看风景，却也是别人眼中的风景。好风景能让人一解忧愁，好故事也能让你受益终身。财务部的同仁永远记得尼基曾经说起的关于佛家的小故事，这个中国通似乎比中国人还了解中国文化，真是难能可贵。

北宋时的苏东坡和镇江金山江天寺的佛印禅师是好朋友，一天，苏东坡写了一首赞叹释迦牟尼佛的偈子，派书童抄送佛印禅师，偈子写道："稽首天中天，毫光照大千，八风吹不动，端坐紫金莲。"苏东坡对自己的偈子十分满意，还得意扬扬地等着佛印禅师誉词呢，没想到的是，书童带回的原偈背后，出人意料地写着两个大字："放屁。"

粗鲁无礼的用词，气坏了苏东坡，于是他怒火发作，从当时居住的焦

第47杯 工作是为了让生活更美好

山渡江奔金山找禅师问罪，没想到佛印禅师冷言说道："东坡居士，你的偈子里不是讲'八风吹不动'嘛，呵呵，我只用了一个小小的屁风，就把你给打过江来了。看来你是只会说，不会做呀。"

苏东坡听了先是一愣，接着恍然大悟，连说："上当、上当。"接着两人哈哈大笑。

每个人都有心情不好的时候，但每个人对付坏情绪的方法也不尽相同。爬上小山坡大声喊叫，拉上三五好友去酒吧吐槽，哑巴吃黄连生闷气，还是去超市买回一大堆高热量零食海吃，和闺蜜逛商场疯狂购物，彻夜K歌到天明？

现代人生活压力越来越大，难免会情绪不好。也许你只是因为出门前和伴侣拌嘴，抑或在上班路上不小心亲吻了前面那辆车的车尾。这种小情绪很容易挑起大问题，没准你会因为自己在工作中受了委屈，被冤枉，再也忍受不住，而跟领导发生正面顶撞。这表明，你的情绪承受到了一个极限。有些事总是无可避免，有些人总是无法挽回，只有自己的情绪是自己能够掌控的，如果本身活得就不洒脱，那么别再被他人的坏情绪影响了。学会过滤身边人的抱怨，选择性地屏蔽坏消息，于人于己都有好处。

尼基把旅途中偶然看到的一段话讲给姑娘们听："我觉得人不应该完全变得像一个斗士，毕竟人生苦短，岁月如白驹过隙，你需要有一种非常美好的生命感受，跟朋友的爽朗交往，放眼青山绿水的那种喜悦，读一本老书给你带来的欢乐，等等。其实人生并不是为了改造这个社会而存在的，我们需要更丰富多彩的人生历程。"他喜欢用佛法让自己平静，比起发泄，他更倾向于静坐。静坐时尽情释放自己的思绪，细细感受脑海中浮现的念头。这能帮你净化心灵，使你充满活力。虽然他也会和办公室里的这帮大丫头、小丫头们胡吃海喝，但他是个成熟的掌门人，在他看来，高情商的作用大于高智商。懂得控制自己的情绪，才能离成功和快乐更进一步。坏情绪是幸福的敌人,把坏情绪带入工作当中去,就是给自己套上了无形的枷锁。切忌浮躁,一定要保持开朗乐观的积极心态,走出悲观消极的怪圈。好运气会因为你的豁达胸襟和明朗性格悄然而至。比起整天抱怨的人,每天都以微笑示人的员工比较容易交好运。

累的时候去河边走一走,开心的时候与人分享一下,用感恩和平和的心态去迎接每一天的太阳。闭目深吸一口气,想象自己曾是一株在风中摇曳的小草,没有方向感和安全感。然而,每次呼吸,你都能感觉到自己正渐渐充满了正面能量。当你能将自己想象成一棵大树时,你的坏情绪就会被排除在家门和办公室之外。

一本《王子复仇记》,能让人读出一千个哈姆雷特。生活、生活,应该时刻运动着,就像是一部反映你时刻行走的纪录片,可以解读出你原来是个多面体。你是演员,也是编剧,更是导演。学会珍惜生命,保持对生活的热度,做一个有温度和深度的人。

★ 第47块方糖 ★

尼基留给大家的最后一句忠言就是:控制情绪,有耐心、有勇气地迎接新一轮挑战!